스마트폰으로 배우는
챗GPT & 생성형 AI

안은진 지음

아티오
ArtStudio

Let's go 스마트폰 시리즈
스마트폰으로 배우는 챗GPT & 생성형 AI

2025년 12월 10일 인쇄
2025년 12월 25일 발행

펴 낸 이 | 김정철
펴 낸 곳 | 아티오
지 은 이 | 안은진
기획진행 | 김미영
마 케 팅 | 강원경
표　　지 | 김지영 / 주경미
편　　집 | 주경미
전　　화 | 031-983-4092~3
팩　　스 | 031-696-5780
등　　록 | 2013년 2월 22일
정　　가 | 15,000원
주　　소 | 경기도 고양시 일산동구 호수로 336 (브라운스톤, 백석동)
홈페이지 | http://www.atio.co.kr

* 아티오는 Art Studio의 줄임말로 혼을 깃들인 예술적인 감각으로 도서를 만들어 독자에게 최상의 지식을 전달해 드리고자 하는 마음을 담고 있습니다.
* 잘못된 책은 구입처에서 교환하여 드립니다.
* 이 책의 저작권은 저자에게, 출판권은 아티오에 있으므로 허락없이 복사하거나 다른 매체에 옮겨 실을 수 없습니다.

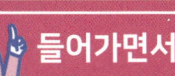 들어가면서

Let's go 스마트폰 시리즈는 스마트폰을 이용한 다양한 앱들을 좀더 손쉽게 활용할 수 있도록 구성된 도서입니다.

이 책의 장점은 보기 쉬운 페이지 구성과 생활에 밀접한 예제를 통한 이해하기 쉬운 편성입니다. 조작 방법을 하나씩 따라하기 식으로 설명함과 동시에 문자와 사진을 크게 게재하여 중장년층 분들도 보다 편하게 이해할 수 있도록 구성하였습니다.

이 책들을 통하여 스마트폰을 자유자재로 활용할 수 있는 즐거움을 느끼시기 바랍니다.

생성형 AI는 지금 우리의 생활과 일을 근본적으로 변화시키는 기술입니다. 정보를 정리해 주고, 글과 이미지를 만들어 주며, 음악과 영상까지 제작할 수 있게 해줍니다. 이 기술을 얼마나 잘 활용하느냐에 따라 일상의 편리함과 업무 효율, 창작의 폭이 크게 달라지는 시대가 되었습니다. 뒤처지지 않기 위해서가 아니라, 더 편하게, 더 똑똑하게 살아가기 위해 생성형 AI를 배워야 합니다.

하지만 처음 시작하려는 분들은 "어떻게 써야 할지 모르겠다"는 어려움을 많이 느끼십니다. 그래서 이 책은 AI를 가장 쉽게 경험할 수 있는 스마트폰 기반 실습 중심으로 구성했습니다. 별도의 장비 없이, 텍스트로 질문하고 음성으로 대화하고 이미지를 생성하고 음악과 영상까지 직접 제작해 볼 수 있도록 안내합니다. 손안의 기기만으로 AI의 다양한 기능을 경험할 수 있습니다.

이 책은 갤럭시(안드로이드) 환경을 기준으로 화면을 안내했습니다. 스마트폰 속 유용한 기능도 함께 다루어 일상 속 디지털 활용 능력을 자연스럽게 높일 수 있도록 구성했습니다. AI 서비스와 스마트폰은 업데이트가 자주 이루어지기 때문에 화면 구성이나 메뉴 위치가 조금씩 다를 수 있으나, 핵심 기능과 사용 흐름은 동일하므로 안내에 따라 차근차근 따라오시면 충분히 익히실 수 있습니다.

AI와 스마트폰을 함께 활용하면, 정보의 소비자에 머무르지 않고 직접 만들고 창조하는 사람으로 변화할 수 있습니다.

이 책과 함께 AI를 처음부터 차근차근 시작해 보시기 바랍니다.

이 책의 특징

이 책에서 만든 소스 자료는 아티오(www.atio.co.kr) 홈페이지의 [IT/기술 도서]-[자료실]에서 다운받을 수 있습니다. 다운받을 때는 회원가입을 하지 않으셔도 됩니다.

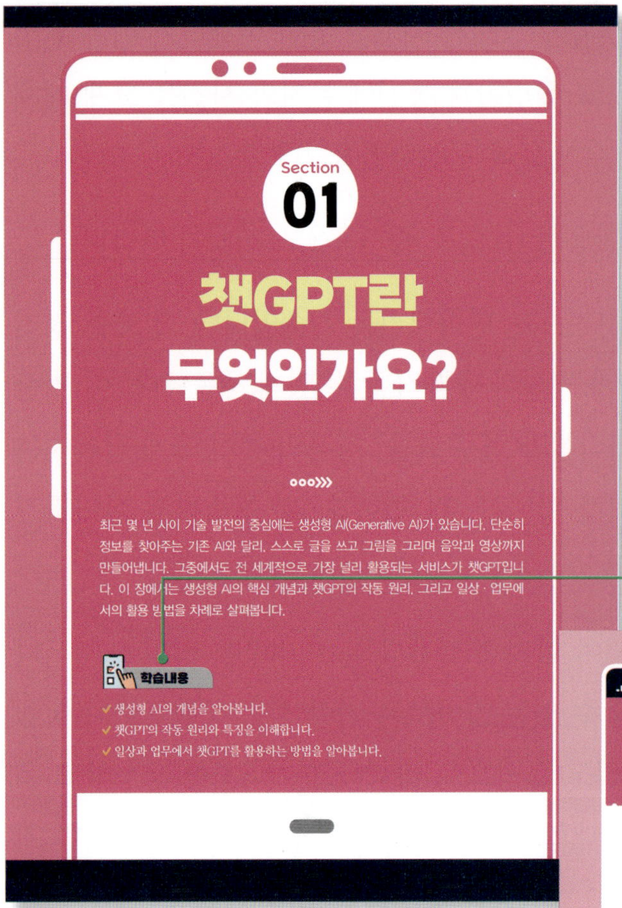

학습내용
해당 단원에서 배울 내용들에 대한 핵심 내용을 기록하여 흐름을 파악할 수 있습니다.

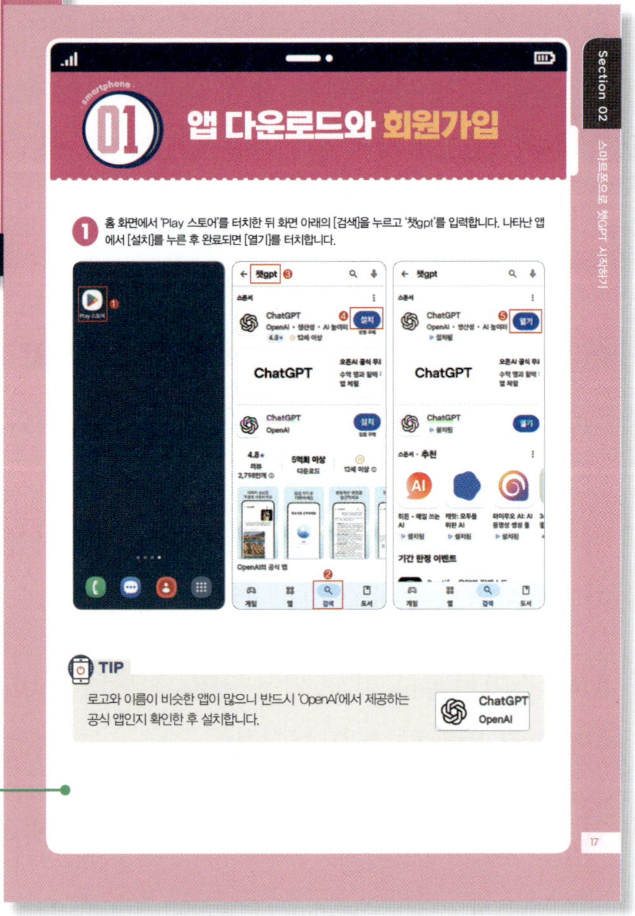

TIP
실습을 따라하는 과정에서 저자만이 가지고 있는 다양한 노하우 및 좀 더 편리하게 접근하기 위한 정보들을 제공합니다.

따라하기

내용을 하나씩 따라해 가면서 실습하다 보면 자연스럽게 관련 기능을 이해할 수 있도록 구성하여 누구나 쉽게 기능을 터득할 수 있도록 하였습니다.

여기서 잠깐!

난이도가 높아 본문의 따라하기에서 다루지는 않았지만 익혀놓으면 나중에 실무에서 도움이 될 것 같은 내용들을 별도로 구성해 놓았습니다.

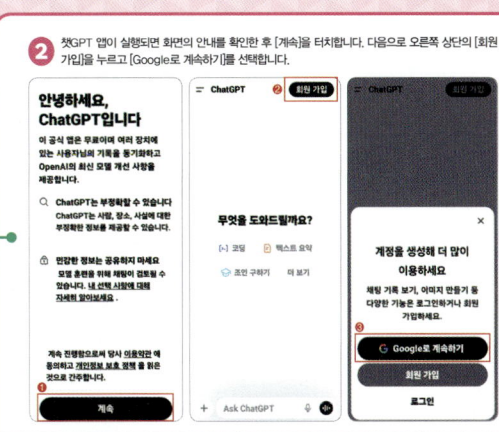

Plus Upgrade

해당 단원의 다양한 기능을 익힐 수 있도록 하였습니다.

차례

section 01 챗GPT란 무엇인가요? ▶ 10

01 : 생성형 AI란 무엇인가요? ▶ 11
02 : 왜 생성형 AI를 배워야 하나요? ▶ 13
03 : 챗GPT란 무엇이고, 어떻게 활용할까요? ▶ 14

section 02 스마트폰으로 챗GPT 시작하기 ▶ 16

01 : 앱 다운로드와 회원가입 ▶ 17
02 : 첫 화면 둘러보기 ▶ 19
03 : 기본 설정하기 ▶ 21
▶ Plus Upgrade: 구글 계정 비밀번호 변경하기 ▶ 25

section 03 챗GPT와 대화하는 방법 ▶ 28

01 : 프롬프트란 무엇인가요? ▶ 29
02 : 원하는 답을 얻는 질문법 ▶ 30
03 : 텍스트로 대화하기 ▶ 34
04 : 음성으로 질문하기 ▶ 39
05 : 고급 음성으로 대화하기 ▶ 40
▶ Plus Upgrade: 카카오톡에 챗GPT 내용 복사해서 붙이기 ▶ 42

section 04 챗GPT 도구 살펴보기 ▶ 45

01 : 깊이 있는 답변 받기 – 생각 중 ▶ 46
02 : 자료 조사 및 분석하기 – 심층 리서치 ▶ 49
03 : 최신 정보 찾아보기 – 웹 검색 ▶ 51
04 : 새로운 개념 배우기 – 공부하고 배워요 ▶ 52

▶ Plus Upgrade: 챗GPT 대화 내용 링크로 공유하기 ▶ 54

section 05 챗GPT로 나만의 이모티콘 만들기 ▶ 56

01 : AI 이미지를 활용하는 다양한 방법 ▶ 57
02 : 이미지 품질을 높이는 프롬프트 작성법 ▶ 58
03 : 이미지 생성 기본 사용법 ▶ 60
04 : 이미지 수정 및 스타일 변경하기 ▶ 62
05 : 나를 닮은 이모티콘 만들기 ▶ 66

▶ Plus Upgrade: 1. 갤러리 자르기 기능으로 이모티콘 완성하기 ▶ 69
　　　　　　　　2. 이모티콘을 카카오톡에서 사용하기 ▶ 71

section 06 Suno AI로 나만의 음악 만들기 ▶ 73

01 : Suno AI 설치하기 ▶ 74
02 : 심플 모드로 주제만 넣어 음악 만들기 ▶ 77
03 : 커스텀 모드로 가사 자동 생성해 음악 만들기 ▶ 79
04 : 완성된 음악 저장하기 ▶ 81

▶ Plus Upgrade: 1. 노래가 멈추지 않을 때 앱 종료하기 ▶ 84
　　　　　　　　2. 다운로드한 음악 위치 확인하기 ▶ 84

 차례

section 07 Hedra AI로 립싱크 영상 만들기 ▶ 85

- 01 : Hedra AI 가입하기 ▶ 86
- 02 : 내 얼굴과 목소리로 말하는 영상 만들기 ▶ 89
- 03 : 완성된 영상 저장하기 ▶ 91
- 04 : 저장된 오디오와 이미지로 립싱크 영상 만들기 ▶ 92

section 08 vStory로 쉽게 숏폼 영상 만들기 ▶ 95

- 01 : vStory 접속하기 ▶ 96
- 02 : 영상 만들고 저장하기 ▶ 97
- ▶ Plus Upgrade: 갤러리 [만들기] 기능으로 영상 제목 넣기 ▶ 100

section 09 제미나이(Gemini)로 생활 편의 기능 활용하기 ▶ 104

- 01 : 제미나이 앱 설치 및 기본 설정하기 ▶ 105
- 02 : 알아두면 유용한 제미나이 기능 ▶ 110
- 03 : Live로 화면을 공유하며 질문하기 ▶ 119
- ▶ Plus Upgrade: 1. 구글 캘린더를 이용하여 일정 추가하고 삭제하기 ▶ 123
  2. 구글 캘린더를 홈 화면에 위젯으로 추가하기 ▶ 125

section 10 : 나노 바나나(Nano Banana)로 생일 축하 카드 만들기 ▶ 127

- 01 : 나노 바나나 실전 활용 가이드 ▶ 128
- 02 : 나만의 생일 축하 카드 완성하기 ▶ 129
- 03 : 이미지 결과를 업그레이드하는 6가지 프롬프트 전략 ▶ 132
- ▶ Plus Upgrade: 갤러리에서 AI 기능으로 사진 편집하기 ▶ 134

section 11 : 뤼튼(Wrtn)으로 콘텐츠·학습·업무 활용하기 ▶ 139

- 01 : 뤼튼 앱 설치 및 가입하기 ▶ 140
- 02 : 뤼튼의 AI 밈 만들기 ▶ 144
- 03 : 뤼튼 스피킹으로 영어 공부하기 ▶ 148
- 04 : 생산성 도구로 글쓰기 ▶ 154
- ▶ Plus Upgrade: 카메라 번역 기능 활용하기 ▶ 160

Section 01

챗GPT란 무엇인가요?

최근 몇 년 사이 기술 발전의 중심에는 생성형 AI(Generative AI)가 있습니다. 단순히 정보를 찾아주는 기존 AI와 달리, 스스로 글을 쓰고 그림을 그리며 음악과 영상까지 만들어냅니다. 그중에서도 전 세계적으로 가장 널리 활용되는 서비스가 챗GPT입니다. 이 장에서는 생성형 AI의 핵심 개념과 챗GPT의 작동 원리, 그리고 일상·업무에서의 활용 방법을 차례로 살펴봅니다.

 학습내용

- ✓ 생성형 AI의 개념을 알아봅니다.
- ✓ 챗GPT의 작동 원리와 특징을 이해합니다.
- ✓ 일상과 업무에서 챗GPT를 활용하는 방법을 알아봅니다.

01 생성형 AI란 무엇인가요?

요즘 뉴스나 TV에서 '인공지능(AI)'이라는 단어를 자주 들을 수 있습니다. 특히 최근 몇 년 사이 가장 주목받고 있는 기술이 바로 '생성형 AI(Generative AI)'입니다.

'생성형'이란 말 그대로 새로운 것을 만들어낸다는 뜻입니다.
과거의 AI는 우리가 입력한 정보를 단순히 찾아주거나 계산해 주는 역할에 그쳤습니다. 하지만 생성형 AI는 한 단계 더 발전한 기술로, 우리가 글을 부탁하면 스스로 문장을 만들고, 그림을 요청하면 이미지를 생성하며, 음악을 작곡하거나 영상까지 제작할 수 있습니다.

예를 들어,
- "주말에 갈 만한 여행지 추천해줘" → 여행 일정과 추천 장소 정리
- "봄 분위기의 동시를 써줘" → 감성적인 시를 직접 작성
- "귀여운 고양이 일러스트를 그려줘" → 실제 그림 생성

이처럼 생성형 AI는 단순한 검색 도구를 넘어, 새로운 결과물을 직접 만들어주는 디지털 동반자라고 할 수 있습니다.

봄 분위기의 동시를 써줘. 물론이죠 🌸 아래는 **봄 분위기를 담은 짧은 동시**예요. **봄이 온다** 살짝 문을 열었더니 바람이 인사를 해요. 노란 꽃이 웃고, 풀잎이 손뼉을 쳐요. 졸고 있던 나무들도 기지개를 쭉— 펴네요. 햇살 속에 숨은 봄, 살금살금 다가와요.	**귀여운 고양이 일러스트를 그려줘.** 생성 일자 
▲ 챗GPT가 작성한 동시	▲ 챗GPT가 그려준 이미지

02 왜 생성형 AI를 배워야 하나요?

스마트폰이 처음 등장했을 때를 떠올려 보세요. 처음에는 낯설고 어렵게 느껴졌지만, 지금은 누구나 사용하는 필수품이 되었습니다. 생성형 AI도 지금이 바로 그런 시기입니다. 앞으로는 AI를 얼마나 잘 활용하느냐가 생활의 편리함, 업무 효율, 정보 활용 능력을 결정짓는 중요한 요소가 될 것입니다.

특히 생성형 AI는 다음과 같은 점에서 우리의 삶을 바꿉니다.

- **시간 절약** : 긴 글을 대신 써주고 자료를 자동으로 정리
- **아이디어 확장** : 막혔던 생각을 이어주고 새로운 관점을 제시
- **생활 도우미** : 여행 계획, 건강관리, 요리법, 외국어 학습까지 지원

무엇보다 중요한 점은, 한 가지 생성형 AI만 익혀도 다른 AI를 다루는 데 어려움이 없다는 것입니다. 글을 만드는 AI, 이미지를 만드는 AI, 음악을 만드는 AI 모두 기본 원리가 같기 때문입니다. 따라서 가장 대표적인 생성형 AI인 챗GPT부터 배우면, 이후 다른 AI 서비스도 훨씬 쉽게 활용할 수 있습니다.

03 챗GPT란 무엇이고, 어떻게 활용할까요?

수많은 생성형 AI 가운데 가장 널리 사용되는 서비스가 바로 챗GPT입니다.
챗GPT의 이름을 조금 더 자세히 살펴보면 다음과 같습니다.

- **Chat(챗)** : '대화하다'는 뜻으로, 사람처럼 질문하고 대답하는 기능을 의미
- **GPT** : 'Generative Pre-trained Transformer'의 약자로, '새로운 것을 만들어내는 사전 학습된 AI 모델'을 뜻함

여기서 '사전 학습'이란, 인터넷의 방대한 텍스트·책·기사·대화 등을 미리 공부해 두었다는 뜻입니다. 그래서 챗GPT는 그 지식을 바탕으로 자연스러운 문장을 만들고 대화를 이어갈 수 있습니다.
즉, 챗GPT란 대화하듯 질문을 주고받으면서 새로운 결과물을 만들어내는 인공지능이라고 할 수 있습니다.

챗GPT를 활용하면 우리의 일상이 훨씬 편리하고 풍부해질 수 있습니다.
다음은 대표적인 활용 예시입니다.

- **여행 계획 세우기** : 원하는 지역과 기간을 말하면 추천 코스, 맛집, 일정표까지 정리
- **글쓰기 도우미** : 블로그 글, 발표문, 편지 초안을 자동으로 작성
- **생활 정보 찾기** : 건강 상식, 요리 레시피, 재테크 팁 등을 알기 쉽게 정리
- **외국어 학습** : 회화 예문을 만들거나 문장을 번역해 주는 학습 도우미 역할
- **시간 관리** : 하루 계획표를 만들거나 일정을 정리하는 데 도움

이처럼 챗GPT는 단순한 검색 기능을 넘어, 일상 속 다양한 일을 함께 해결하는 똑똑한 파트너입니다.
한 번 익숙해지면 블로그를 쓰거나 여행을 계획하고, 공부를 하거나 새로운 아이디어를 떠올리는 일이 훨씬 쉬워집니다.

정리하면, 챗GPT는 가장 쉽고 실용적인 생성형 AI 입문 도구입니다.

이 책에서는 별도의 유료 결제 없이 무료 버전만으로도 실습이 가능하도록 구성했으며, 가장 익숙한 기기인 스마트폰만 있으면 언제 어디서나 따라 하며 배울 수 있습니다.

복잡한 설치나 기술 지식이 없어도, 이 책 한 권으로 생성형 AI의 기본 개념부터 실생활 활용법까지 자연스럽게 익힐 수 있습니다.

 **TIP**

○ **챗GPT 상업적 이용 시 알아두면 좋은 사항**

- 무료·유료 사용자 모두 챗GPT에서 생성된 결과(Output)는 사용자에게 귀속되며, OpenAI는 이에 대한 별도 권리를 주장하지 않습니다.
- OpenAI의 이용 약관은 사용자가 생성된 콘텐츠를 상업적으로 활용할 수 있도록 허용하고 있습니다. 단, 법령이나 타인의 권리를 침해하지 않아야 합니다.
- AI가 학습 데이터에서 유사한 표현을 생성할 수 있으므로, 생성된 결과물이 기존 저작물과 과도하게 유사한 경우 저작권 침해 위험이 있을 수 있습니다.
- 무료 계정의 경우 입력된 내용이 서비스 개선에 활용될 수 있으므로, 민감한 내부 문서·개인정보·기밀 자료는 프롬프트에 입력하지 않도록 주의해야 합니다.
- 법적 의무는 아니지만, 출판·언론·교육 등 일부 산업에서는 투명성 원칙에 따라 "AI 활용" 사실을 공개하거나 명시하는 것이 권장됩니다.

Section 02

스마트폰으로 챗GPT 시작하기

○○○〉〉〉

챗GPT를 제대로 활용하려면 가장 먼저 해야 할 일은 스마트폰에 앱을 설치하고 기본 환경을 설정하는 것입니다.
이 장에서는 처음 사용하는 분들도 쉽게 따라 할 수 있도록 설치부터 회원가입, 초기 화면 구성, 설정 방법까지 차근차근 살펴봅니다.

 학습내용

✓ 챗GPT 앱을 설치하고 회원가입 과정을 익힙니다.
✓ 앱의 기본 화면 구성과 주요 메뉴 기능을 알아봅니다.
✓ 개인 맞춤 설정과 데이터·음성 환경을 조정하는 방법을 이해합니다.

Section 02

01 앱 다운로드와 회원가입

① 홈 화면에서 'Play 스토어'를 터치한 뒤 화면 아래의 [검색]을 누르고 '챗gpt'를 입력합니다. 나타난 앱에서 [설치]를 누른 후 완료되면 [열기]를 터치합니다.

 TIP

로고와 이름이 비슷한 앱이 많으니 반드시 'OpenAI'에서 제공하는 공식 앱인지 확인한 후 설치합니다.

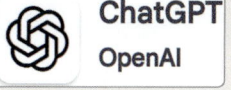

❷ 챗GPT 앱이 실행되면 화면의 안내를 확인한 후 [계속]을 터치합니다. 다음으로 오른쪽 상단의 [회원 가입]을 누르고 [Google로 계속하기]를 선택합니다.

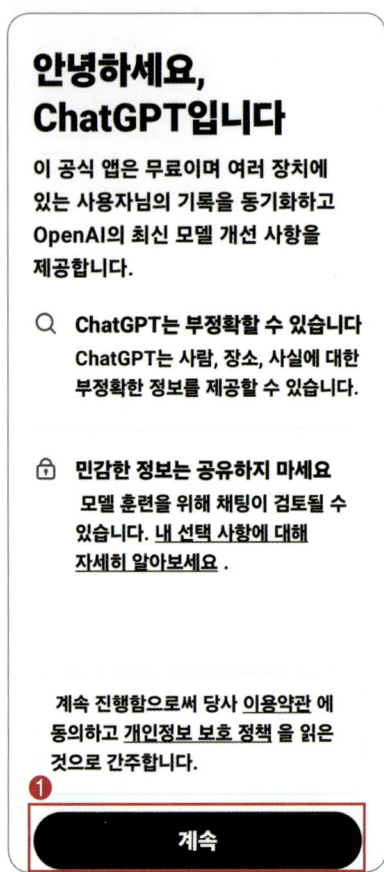

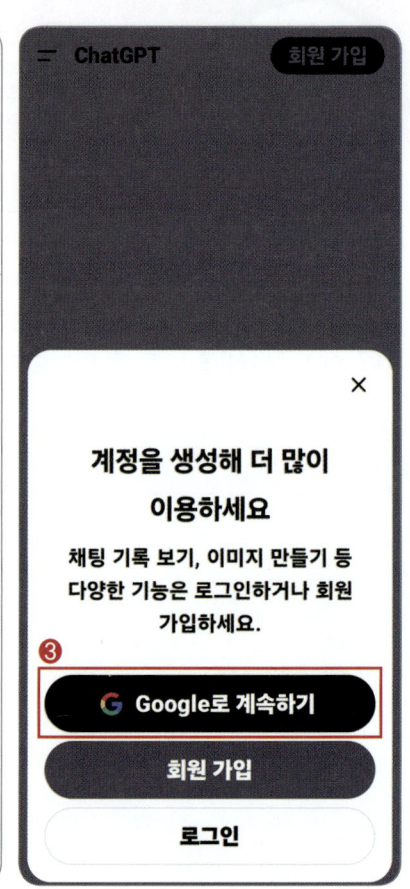

❸ 로그인에 사용할 계정을 선택하면 'ChatGPT에 로그인' 화면이 나타납니다. [계정으로 계속]을 누른 뒤 이름·성·생일을 입력하고 [계속]을 터치하면 회원가입이 완료됩니다.

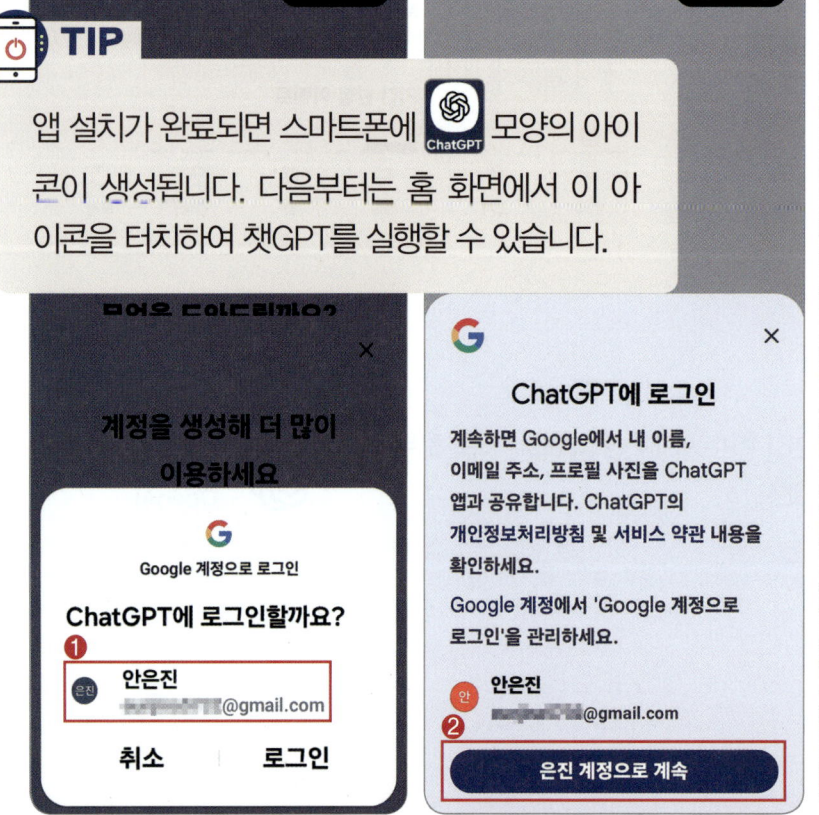

> **TIP**
> 앱 설치가 완료되면 스마트폰에 모양의 아이콘이 생성됩니다. 다음부터는 홈 화면에서 이 아이콘을 터치하여 챗GPT를 실행할 수 있습니다.

02 첫 화면 둘러보기

챗GPT 앱을 처음 실행하면 기본 화면이 나타나며, 왼쪽 상단의 사이드바 버튼을 눌러 더 많은 기능에 접근할 수 있습니다. 각 메뉴 이름과 기능에 대해 살펴보도록 하겠습니다. 챗GPT 앱은 설치 시점이나 업데이트 버전에 따라 화면 구성이 다를 수 있습니다. 버튼 위치나 아이콘 모양이 조금 달라도 기능은 대부분 동일합니다.

▲ 챗GPT 첫 화면   ▲ 사이드바 메뉴를 터치한 화면

❶ **사이드바 열기** : 이 버튼을 누르면 화면 왼쪽에 메뉴 창이 열리며, 대화 기록 확인, 새 채팅 시작, 계정 설정 등 다양한 옵션을 선택할 수 있습니다.

❷ **임시 채팅** : 이 버튼을 누르면 서버에 대화 내용이 저장되지 않고, 모델 학습에도 반영되지 않는 일시적인 대화 창이 열립니다. 보안이 필요한 대화를 진행할 때 유용합니다.

❸ **파일 추가 및 기타** : 이 버튼을 누르면 사진이나 파일을 업로드하거나, 카메라로 직접 촬영한 이미지를 바로 사용할 수 있습니다. 또한 '심층 리서치', '이미지 만들기', '웹 검색' 등 다양한 도구를 선택해 챗GPT를 보다 폭넓게 활용할 수 있습니다.

❹ **대화 입력창** : 챗GPT를 사용할 때 가장 기본이 되는 기능으로, 질문·요청·지시문 등을 자유롭게 입력할 수 있는 공간입니다. 단순한 질문부터 글쓰기, 분석, 계획 세우기까지 원하는 내용을 자연어로 입력하면 됩니다. 오른쪽에는 음성 입력 버튼과 고급 음성 모드 버튼이 있어 상황에 따라 입력 방식을 바꿔 사용할 수 있습니다.

❺ **음성 입력** : 마이크 버튼을 누르면 기기의 마이크가 활성화되어 음성으로 질문이나 요청을 전달할 수 있습니다. 손을 쓰기 어려운 상황이나 이동 중일 때 특히 편리하며, 텍스트 입력과 동일한 기능을 제공합니다.

❻ **고급 음성 모드** : 챗GPT와 실시간 음성 대화를 시작할 수 있는 기능으로, 이 버튼을 누르면 대화가 텍스트가 아닌 음성으로 진행됩니다. AI가 자연스럽게 응답하고 대화의 흐름을 이어가며, 단순 음성 입력보다 한 단계 깊이 있는 대화가 가능합니다.

❼ **채팅** : 이 버튼을 누르면 챗GPT와의 새로운 대화가 시작됩니다. 기존 대화 기록이나 맥락을 완전히 배제하고, 처음부터 깨끗한 상태에서 질문이나 요청을 할 수 있습니다.

❽ **라이브러리** : 이미지 생성 기능을 통해 만든 결과물을 한눈에 모아볼 수 있는 곳입니다. 단, 채팅을 삭제하면 해당 대화에서 생성된 이미지도 함께 사라지므로 주의가 필요합니다.

❾ **기록** : 지금까지 진행한 대화들이 저장되어 있는 곳으로, 원하는 대화를 터치하면 해당 채팅이 열리고, 이전에 나눈 내용을 다시 확인할 수 있습니다. 또한 채팅 제목을 길게 누르면 이름을 바꾸거나, 아카이브에 보관하거나, 삭제할 수 있습니다. 삭제한 대화는 복구가 불가능하므로 주의가 필요합니다.

❿ **프로젝트** : 프로젝트는 대화와 파일을 주제별로 모아 관리하는 곳으로, 예를 들어 '여행 계획' 프로젝트 안에는 여행 일정과 관련된 대화와 자료가 함께 저장되어 필요한 정보를 한눈에 확인하고 체계적으로 관리할 수 있습니다.

⓫ **계정 정보** : 현재 로그인한 사용자 이름이 표시됩니다. 터치하면 계정 관리 메뉴로 이동합니다.

⓬ **최근 대화 목록** : 가장 최근에 사용한 채팅이 표시되는 곳입니다. 바로 전의 대화를 빠르게 찾아보고, 해당 채팅을 길게 누르면 이름 바꾸기, 아카이브 보관, 삭제 등의 관리 작업을 할 수 있습니다.

⓭ **검색** : 저장된 대화나 콘텐츠를 키워드로 빠르게 검색할 수 있습니다.

03 기본 설정하기

챗GPT를 사용하기 전에 몇 가지 기본 설정을 해두면 앱을 훨씬 편리하고 안전하게 사용할 수 있습니다. 화면 표시나 언어 같은 일반 설정, 답변 스타일을 조정하는 개인 맞춤 설정, 정보 관리 방법을 정하는 데이터 설정, 말로 대화할 수 있는 음성 기능 설정까지 미리 살펴보면 이후 활용이 훨씬 수월해집니다. 지금부터 하나씩 살펴보며 나에게 맞는 환경을 만들어 보겠습니다.

왼쪽 상단의 두 줄 모양의 사이드바 열기 버튼을 눌러, 내 이름(프로필)을 터치하면 설정 화면으로 이동합니다. 여기에서 다양한 설정을 변경할 수 있습니다.

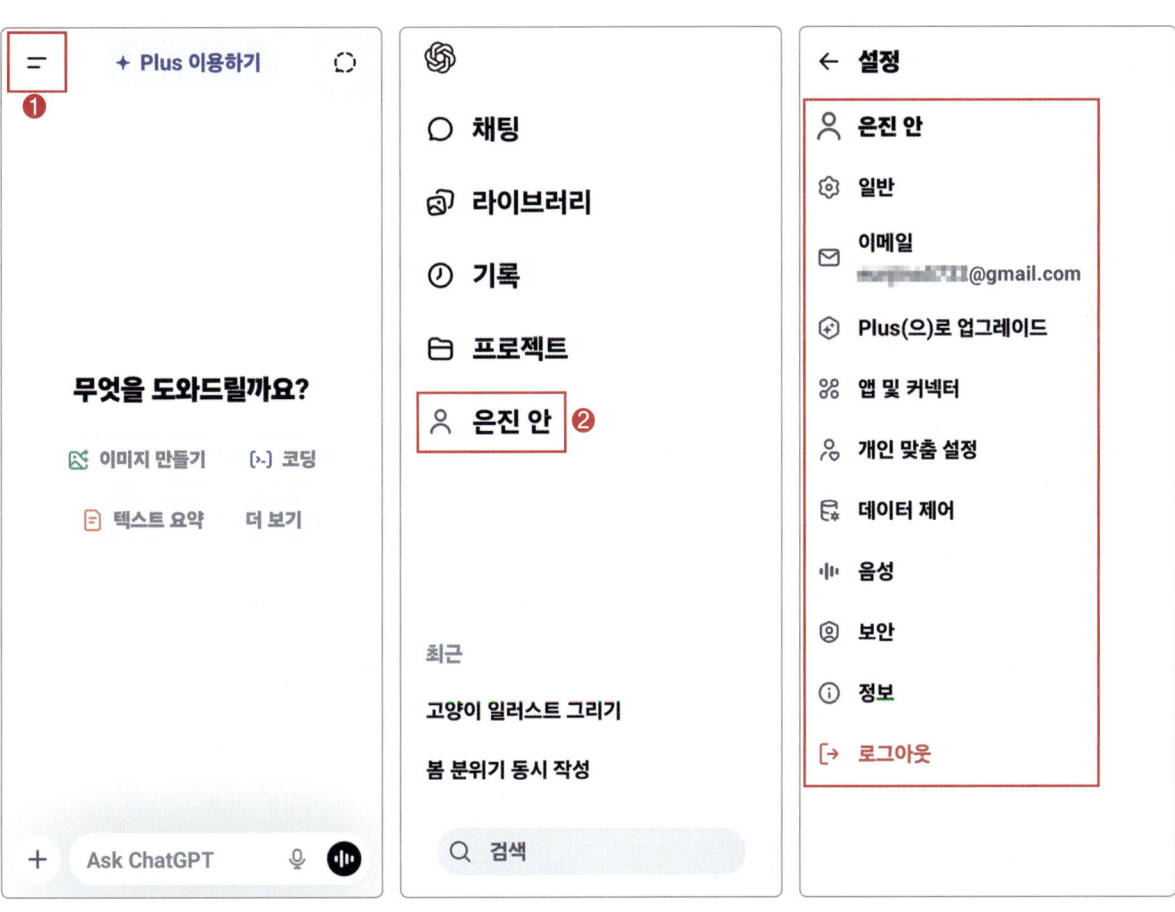

1. 일반

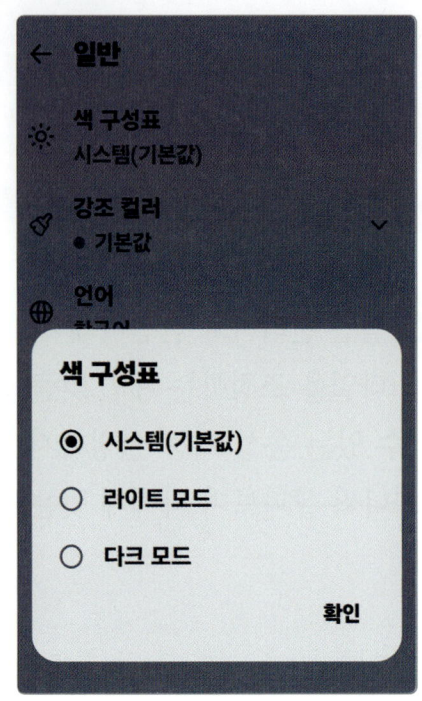 

- **색 구성표** : 앱 화면의 전반적인 밝기와 분위기를 정하는 설정입니다. 휴대폰의 시스템 설정에 맞추거나, 라이트 모드·다크 모드 중 원하는 스타일을 직접 선택할 수 있습니다.
- **강조 컬러** : 버튼, 링크, 중요 표시 등에 사용되는 포인트 색상을 설정하는 기능입니다. 기본값 외에도 블루, 그린, 옐로, 핑크, 오렌지 중에서 선택할 수 있으며, 눈에 잘 띄는 색상으로 변경해 사용할 수 있습니다.
- **언어** : 챗GPT에서 표시되는 메뉴와 응답 언어를 설정하는 항목입니다. 기본값은 스마트폰 언어를 따르지만, 필요에 따라 원하는 언어로 변경할 수 있습니다.

2. 개인 맞춤 설정

개인 맞춤 설정을 해두면 챗GPT가 사용자의 상황과 취향을 더 잘 이해하고, 보다 정확하고 만족스러운 답변을 제공합니다.

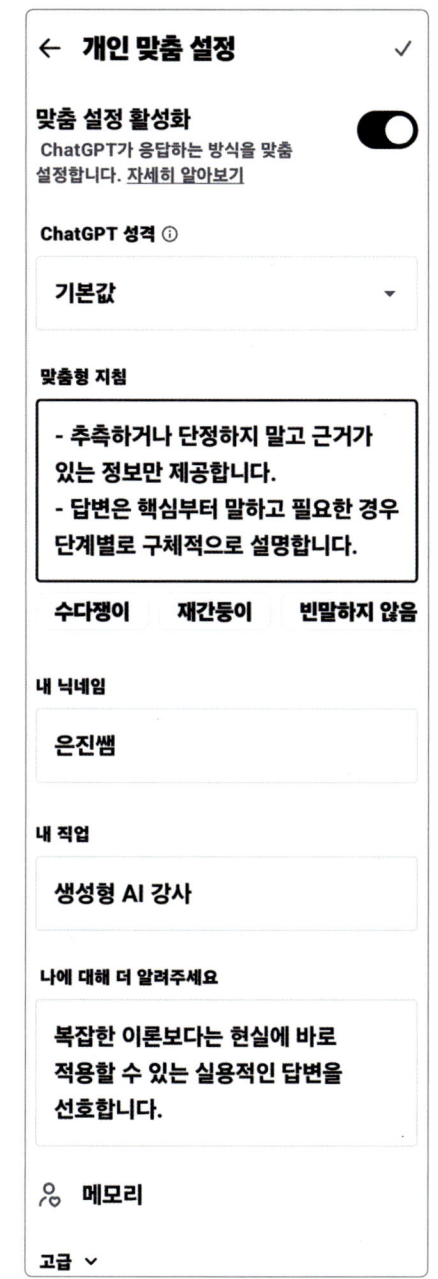

▲ 개인 맞춤 설정 예시

- **ChatGPT 성격:** AI가 어떤 말투와 태도로 답변하길 원하는지 설정하는 항목입니다.
- **맞춤형 지침:** 챗GPT가 어떤 말투와 방식으로 답할지 미리 알려주는 설정입니다. 예를 들어 "쉽고 구체적으로 설명해 주세요."처럼 원하는 답변 스타일을 지정할 수 있습니다.
- **내 닉네임:** 챗GPT가 나를 부를 때 사용할 이름을 설정하는 곳입니다. 별명이나 호칭을 넣어두면 대화가 한층 친근해집니다.
- **내 직업:** 나의 직업이나 활동 분야를 알려주는 항목입니다. 이를 입력해 두면 챗GPT가 더 현실적이고 관련성 있는 답변을 제공합니다.
- **나에 대해 더 알려주세요:** 관심사, 가치관, 생활 습관 등을 입력해 두는 곳입니다. 챗GPT가 나의 상황을 이해하고 그에 맞는 예시나 정보를 제안합니다.
- **메모리:** 대화에서 자주 언급한 정보를 기억해 다음 대화에 반영하는 기능입니다. '저장된 메모리 참고'는 정보를 저장해 활용하고, '채팅 기록 참고'는 응답할 때 최근 대화를 참고하도록 설정합니다.
- **고급:** 웹 검색, 코드, 캔버스, 고급 음성 기능 등을 필요에 따라 켜거나 끌 수 있는 기능입니다.

3. 데이터 제어

- **모든 사용자 대상 모델 개선:** 내가 입력한 내용을 챗GPT가 학습에 활용하도록 허용할지 결정합니다. 꺼두면 내 대화 내용이 학습에 쓰이지 않습니다.
- **오디오 녹음 포함:** 음성 대화 기록을 모델 학습에 사용할지 설정합니다. 필요하지 않다면 꺼두면 됩니다.
- **아카이브에 보관된 채팅 보기:** 이전에 저장해둔 채팅 기록을 확인할 수 있습니다.
- **채팅 기록을 아카이브에 보관:** 현재 진행 중인 대화나 이전 대화를 보관함에 저장합니다. 나중에 다시 열어볼 수 있습니다.
- **채팅 기록 지우기:** 지금까지 저장된 모든 채팅 기록을 삭제합니다. 복구가 불가능하므로 주의가 필요합니다.
- **데이터 내보내기:** 지금까지의 대화와 데이터를 파일로 내려받아 보관하거나 다른 곳에서 활용할 수 있습니다.
- **계정 삭제:** 챗GPT 계정을 완전히 삭제합니다. 계정과 모든 데이터가 영구적으로 사라지니 신중히 선택해야 합니다.

4. 음성

- **입력 언어:** 음성으로 말할 때 사용할 언어를 선택합니다. 자동 탐지를 켜면 말하는 언어를 알아서 인식합니다.
- **음성:** 챗GPT의 음성 내화 시 사용할 목소리의 스타일을 선택합니다. 선택한 목소리에 따라 말투와 억양이 달라집니다.
- **배경 대화:** 다른 앱을 사용하거나 화면이 꺼져 있어도 음성 대화를 계속 이어갈 수 있습니다.
- **기본 어시스턴트로 사용:** 스마트폰(특히 Android)에서 챗GPT를 기본 음성 어시스턴트로 지정할 수 있습니다. 설정 후에는 홈 버튼이나 측면 버튼을 눌러 챗GPT를 바로 호출할 수 있습니다.

구글 계정 비밀번호 변경하기

챗GPT는 스마트폰뿐만 아니라 PC에서도 사용할 수 있습니다. PC에서 구글 계정으로 로그인할 때는 계정과 비밀번호를 입력해야 합니다. 비밀번호가 잘 기억나지 않는 경우에는 스마트폰에서 비밀번호를 변경하는 것이 가장 편리합니다. 다음은 스마트폰에서 구글 계정 비밀번호를 변경하는 방법입니다.

 스마트폰에서 [설정]을 열고 [Google]을 선택합니다.

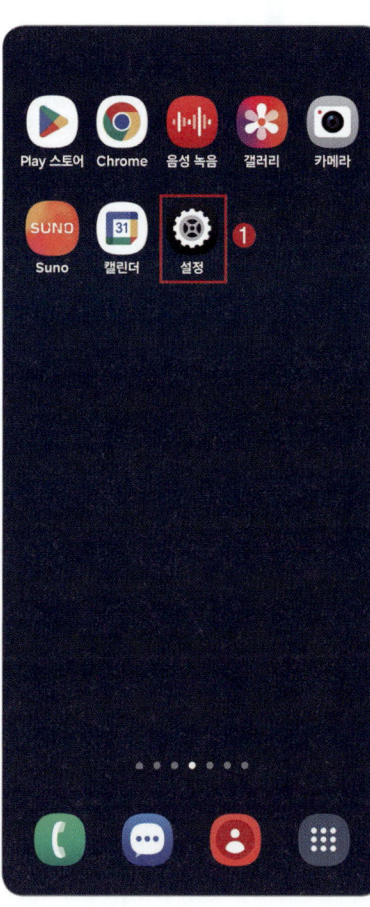
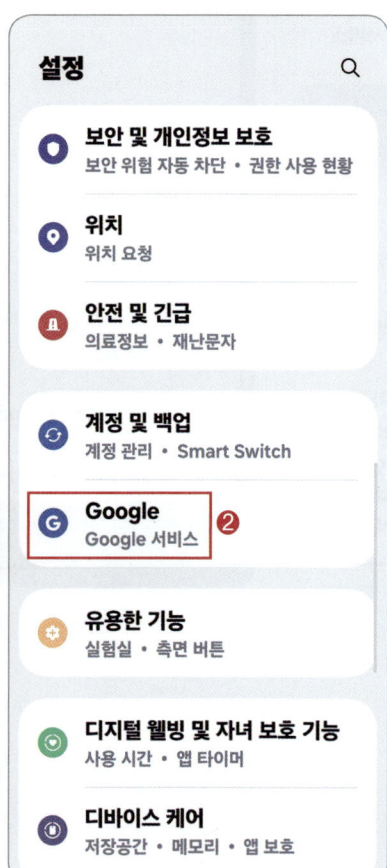

2 [Google 서비스] 화면이 나타나면 내 계정을 터치합니다. [Google 계정 관리]를 선택한 후 [보안 및 로그인] 메뉴를 누릅니다.

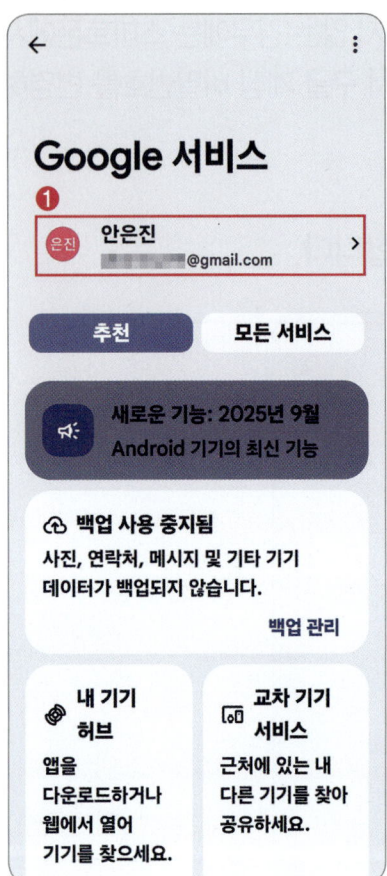

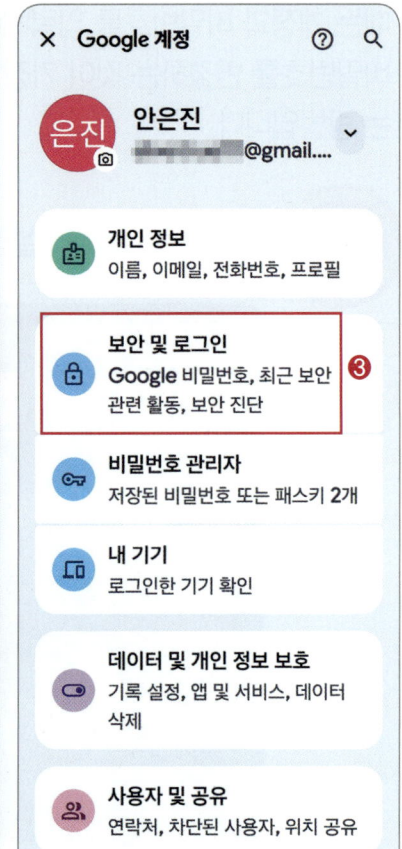

 [비밀번호]를 터치한 뒤 새 비밀번호를 입력하고 [비밀번호 변경]을 눌러 저장한 다음, 다시 한 번 [비밀번호 변경]을 눌러 완료합니다.

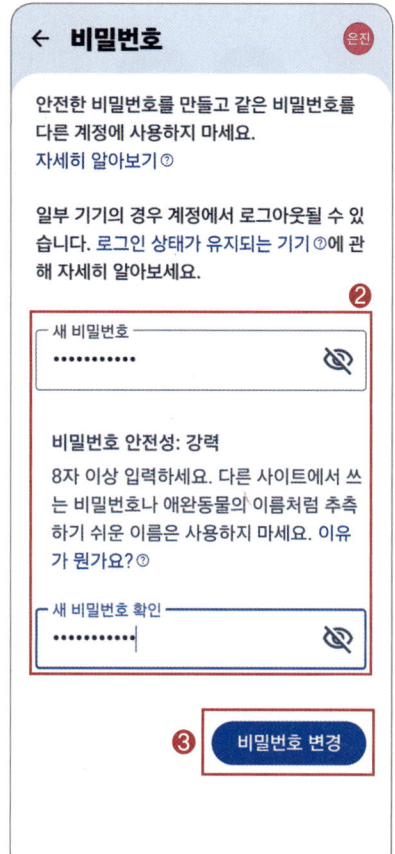
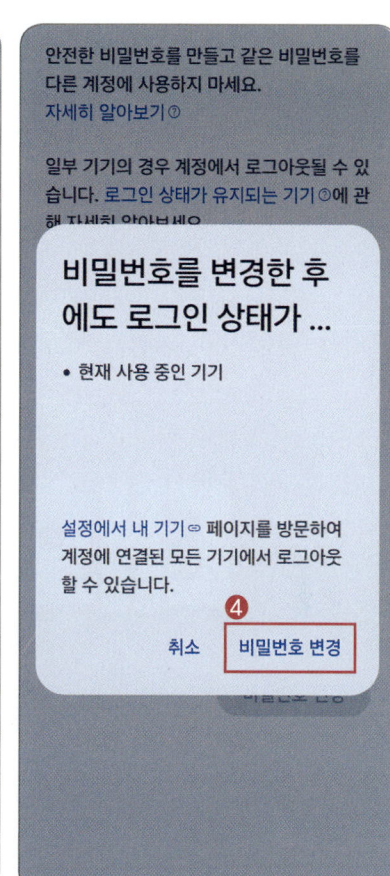

 **TIP**

스마트폰에서 비밀번호를 변경하려면 잠금화면(핀, 패턴, 지문 등)이 설정되어 있어야 하므로, 미리 설정을 완료한 뒤 진행하는 것이 좋습니다.

Section 03

챗GPT와 대화하는 방법

스마트폰에 챗GPT를 설치했다면 이제 중요한 것은 '어떻게 질문하느냐'입니다. 처음 사용하는 사람들은 "무엇을 물어봐야 할지 모르겠다."거나 "답이 기대와 다르다"고 말하곤 합니다. 챗GPT는 단순한 검색창이 아니라 대화형 인공지능이기 때문에, 질문(프롬프트)을 어떻게 작성하느냐에 따라 결과의 질이 크게 달라집니다. 이 장에서는 프롬프트의 개념부터 효과적인 질문 방법, 음성 대화 활용법까지 차근차근 살펴보겠습니다.

 학습내용

- 프롬프트의 개념과 구성 요소를 알아봅니다.
- 원하는 답을 얻기 위한 질문법을 이해합니다.
- 텍스트와 음성으로 챗GPT와 대화하는 방법을 익힙니다.

01 프롬프트란 무엇인가요?

챗GPT를 사용할 때 가장 기본이 되는 것이 바로 프롬프트(Prompt)입니다. 프롬프트란 간단히 말해, AI에게 건네는 질문이나 지시문을 뜻합니다. 우리가 어떤 말을 건네느냐에 따라 챗GPT가 만들어 내는 결과물이 달라집니다.

예를 들어 똑같이 여행 계획을 세워달라고 해도 이렇게 다릅니다.

- "여행 계획 세워줘."
  → 너무 짧고 모호해서 원하는 정보가 아닐 수 있습니다.

- "5월 주말에 70대 부모님과 함께 떠나는 2박 3일 부산 여행 일정을 알려줘. 걷는 시간이 짧고 휴식이 많은 일정이면 좋겠어."
  → 훨씬 구체적이기 때문에 정확하고 만족스러운 답을 얻을 수 있습니다.

즉, 프롬프트를 잘 쓴다는 것은 AI가 최상의 결과를 만들어 낼 수 있도록 질문의 의도를 명확히 전달하는 것입니다.

02 원하는 답을 얻는 질문법

챗GPT는 이제 단순히 질문에만 반응하는 것을 넘어, 사용자가 말 속에 담지 않은 의도까지 파악하고 필요한 정보를 되묻는 추론 능력을 갖추었습니다.

덕분에 프롬프트(질문)를 잘 몰라도 누구나 쉽게 활용할 수 있으며, "여행지 추천해줘"처럼 단순한 질문에도 의미 있는 답변을 얻을 수 있습니다.

하지만 질문을 조금만 더 구조적으로 만들면 챗GPT가 훨씬 정확하고 깊이 있게 사고를 확장할 수 있습니다.

이러한 질문 설계 방식을 '프롬프트 엔지니어링(Prompt Engineering)'이라 하며, 이를 이해하면 챗GPT의 잠재력을 더욱 효과적으로 끌어낼 수 있습니다.

효과적인 프롬프트는 보통 다음과 같은 다섯 가지 요소를 포함하면 좋습니다.

구성 요소	설명	예시
역할(Role)	챗GPT가 어떤 전문가나 인물의 입장에서 답변해야 하는지 지정하면 더 깊이 있는 답을 받을 수 있습니다.	"당신은 건강 전문 칼럼니스트입니다."
맥락(Context)	대상, 배경, 상황을 구체적으로 알려주면 답변이 훨씬 현실적이고 정확해집니다.	"60대 여성을 위한 건강 잡지 글을 쓰고 있습니다."
과제(Task)	무엇을 해야 하는지 명확하게 지시하면, 불필요한 내용 없이 핵심만 제공합니다.	"관절 건강에 좋은 음식 5가지를 소개해 주세요."
형식(Format)	글인지, 표인지, 요약인지 원하는 답변 형식을 지정하면 결과가 한눈에 보기 쉽게 정리됩니다.	"표 형식으로 정리해 주세요."
제약 조건 (Constraints)	지켜야 할 조건을 넣으면 결과물이 목적에 맞게 조정됩니다.	"전문 용어를 피하고 쉽게 설명해 주세요."

이렇게 질문을 구조화하면 단순한 검색 수준을 넘어, 내가 원하는 목적과 수준에 딱 맞는 결과를 얻을 수 있습니다. 이때, 나이, 장소, 시간, 대상 등 상황 정보를 구체적으로 넣을수록 내가 원하는 결과를 얻을 수 있습니다.

■ 예시 비교

▪ **나쁜 질문:**

"건강식 알려줘."

→ 너무 포괄적이어서 원하는 답을 얻기 어렵습니다.

▪ **좋은 질문:**

"당신은 건강 전문 칼럼니스트입니다.
60대 여성을 위한 건강 잡지 글을 써 주세요.
주제는 '관절에 좋은 음식 5가지'이며, 표 형식으로 정리해 주세요.
전문 용어는 피하고 누구나 쉽게 이해할 수 있도록 작성해 주세요."

→ 질문을 구체적으로 작성하면 챗GPT는 단순한 나열이 아닌 체계적인 답변을 제공합니다.

원하는 답을 얻는 프롬프트 예시 10가지

1 당신은 생활 코디네이터입니다.
60대 부부가 새롭게 시작할 수 있는 취미를 찾고 있습니다.
건강과 사회활동에 도움이 되는 취미 5가지를 추천해 주세요.
표 형식으로 추천 이유와 준비물을 포함해 주세요.
초보자도 쉽게 시작할 수 있는 것만 포함해 주세요.

2 당신은 요리 전문가입니다.
냉장고에 달걀, 두부, 양파만 있습니다.
이 재료로 만들 수 있는 반찬 3가지를 알려 주세요.
반찬별로 조리법을 단계별 목록 형식으로 작성해 주세요.
조리 시간이 20분을 넘지 않도록 해 주세요.

3

당신은 여행 전문 가이드입니다.
70대 부부가 2박 3일로 부산 여행을 떠납니다.
하루 2곳씩 무리가 가지 않는 여행 일정을 짜 주세요.
표 형식으로 '일자·장소·추천 이유·이동 수단'을 포함해 주세요.
현지 교통을 처음 이용하는 사람도 이해할 수 있도록 쉽게 작성해 주세요.

4

당신은 전문 사주 상담가입니다.
1958년 음력 5월 15일 오전 9시에 태어난 사용자가 인생의 흐름과 조언을 알고 싶어 합니다.
이 사람의 성격적 특징, 강점, 주의할 점을 분석하고 조언을 제시해 주세요.
성격, 강점, 주의할 점 항목별로 표 형식으로 정리해 주세요.
미래를 단정적으로 예측하는 내용은 피하고, 일상생활에서 참고할 수 있는 현실적인 조언 위주로 작성해 주세요.

5

당신은 금융 전문가입니다.
퇴직을 앞둔 50대 직장인을 위한 재테크 상담을 진행하고 있습니다.
국내 연금 상품 3가지를 비교해 주세요.
표 형식으로 상품명, 장점, 단점, 추천 대상 등을 정리해 주세요.
전문 용어는 줄이고 이해하기 쉬운 말로 작성해 주세요.

6

당신은 영어 회화 강사입니다.
해외여행을 준비 중인 60대 초보 학습자를 위한 회화 자료를 만들고 있습니다.
식당에서 사용할 수 있는 영어 표현 10가지를 알려 주세요.
표현마다 한국어 해석과 예문 1개를 포함한 목록 형식으로 작성해 주세요.
어려운 문법 용어는 사용하지 말고, 초급 수준으로 작성해 주세요.

7

당신은 법률 전문가입니다.
중장년층이 알아야 할 유언장 작성 기초 정보를 정리하고 있습니다.
유언장을 작성할 때 꼭 알아야 할 핵심 5가지를 알려 주세요.

번호를 붙여 요약해 주세요.
전문 법률 용어는 되도록 사용하지 말아 주세요.

8 당신은 생산성 코치입니다.
퇴직 후 건강한 하루 루틴을 만들고 싶은 60대 남성을 위한 가이드를 작성하고 있습니다.
아침부터 저녁까지의 일과표를 제안해 주세요.
표 형식으로 시간대, 활동, 이유를 포함해 주세요.
무리 없는 활동 중심으로 작성해 주세요.

9 당신은 유아용 동화 전문 작가입니다.
6살 손주에게 읽어 줄 그림책을 만들고자 합니다.
주인공은 민준이며, 편식을 주제로 한 총 16페이지 분량의 이야기를 만들어 주세요.
각 페이지는 다섯 줄 이내의 간단한 문장으로 작성하고, 페이지마다 구분해서 제시해 주세요. 유아가 쉽게 이해할 수 있는 표현을 사용하고, 행복한 결말로 마무리해 주세요.

10 당신은 심리 상담가입니다.
자녀와 대화가 서툰 부모를 위한 조언을 제공합니다.
성격이 다른 자녀와 효과적으로 대화할 수 있는 말투 5가지를 알려 주세요.
번호를 매겨 항목별로 정리해 주세요.
부모가 실제 사용할 수 있는 표현 위주로 작성해 주세요.

지금까지 살펴본 10가지 예시는 프롬프트를 만드는 기본 구조를 보여줍니다. 하지만 그대로 쓰는 것보다 자신의 상황과 목적에 맞게 바꾸는 것이 더 중요합니다.

예를 들어, 역할은 '의사' 대신 '한의사'로, 맥락은 '60대 독자' 대신 '직장인'으로 바꿀 수 있습니다. 과제나 형식, 조건도 필요에 따라 조정하면 됩니다.

이 예시를 참고해 나만의 프롬프트를 만들어 보세요. 그러면 챗GPT는 훨씬 정확하고 원하는 답을 줄 수 있습니다.

텍스트로 대화하기

스마트폰에서 챗GPT를 활용해 여행 일정을 짜는 연습을 해보겠습니다. 이 예제는 단계별로 질문을 구체화하면서 결과를 발전시키는 과정을 보여줍니다.

1. 질문 입력하기

대화 입력창을 터치한 다음, 다음과 같이 입력하고 ⬆ 버튼을 누릅니다.

> 당신은 여행 플래너입니다.
> 60대 친구 4명이 함께 떠나는 2박 3일 제주도 여행 일정을 추천해 주세요.
> 여행 시기는 5월이며, 하루 2~3곳 정도만 방문할 수 있도록 계획해 주세요.

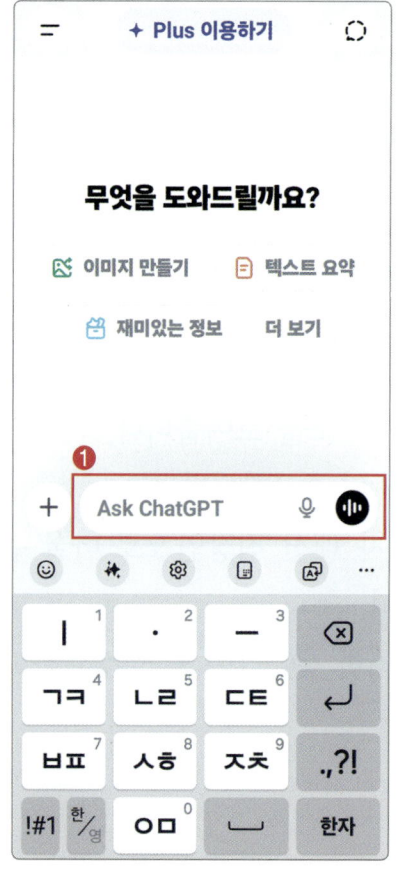
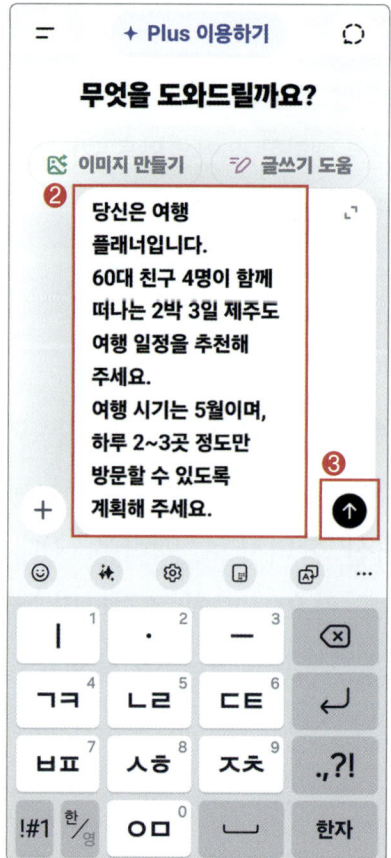

 **TIP**

챗GPT PC 버전에서 질문을 작성할 때 한 줄을 입력한 뒤 Enter 키를 누르면 바로 전송됩니다. 줄 바꿈이 필요하다면 Shift + Enter 키를 눌러 다음 줄에 이어서 작성한 후, 모든 내용을 입력한 다음 Enter 키를 누르거나 ↑ 버튼을 클릭하면 됩니다.

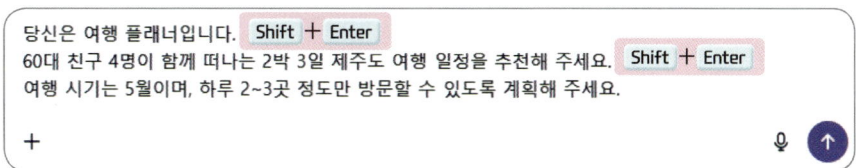

2. 조건 추가하기

첫 번째 답변을 확인한 뒤 챗GPT가 제안하는 추가 질문에 답하면서 대화를 이어가거나, 직접 부족하다고 느끼는 부분을 구체적으로 추가해 입력하고 ↑ 버튼을 누릅니다.

> 각 여행지별 추천 이유와 예상 소요 시간, 이동 방법도 함께 알려주세요.
> 식사 장소도 하루 한 곳씩 포함해 주세요.

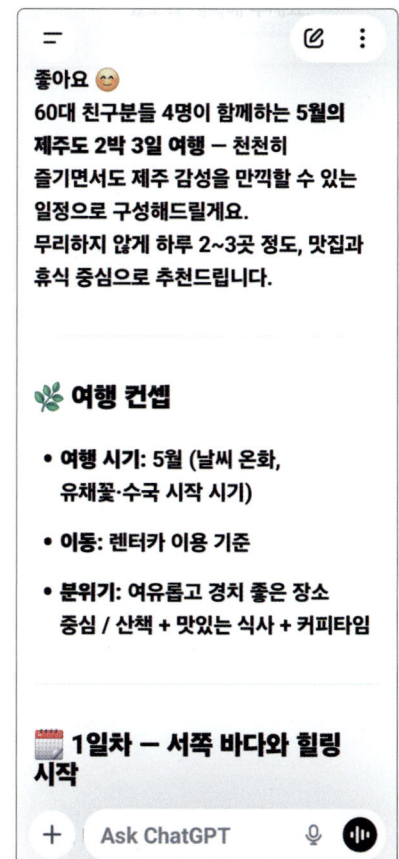
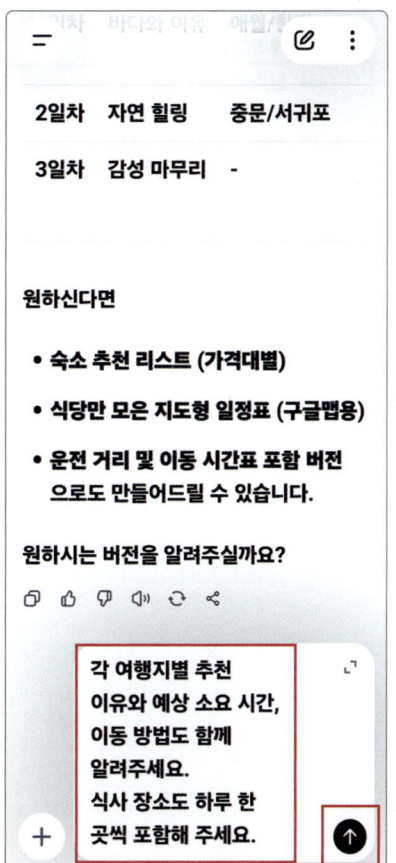

3. 보기 쉽게 정리 요청하기

결과를 한눈에 확인하기 위해 표 형식으로 정리해 달라고 요청합니다.

> 위 내용을 표 형식으로 정리해 주세요.
> 항목은 날짜, 방문지, 추천 이유, 예상 소요 시간, 이동 방법, 식사 장소로 구성해 주세요.

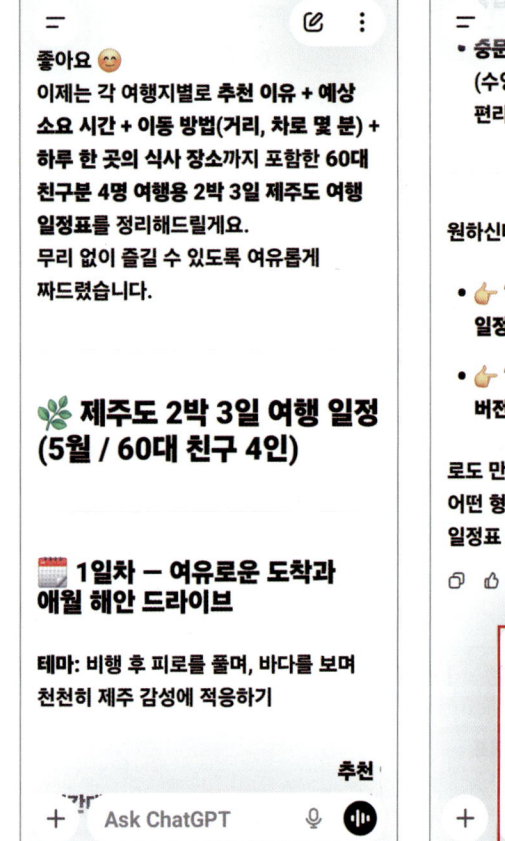
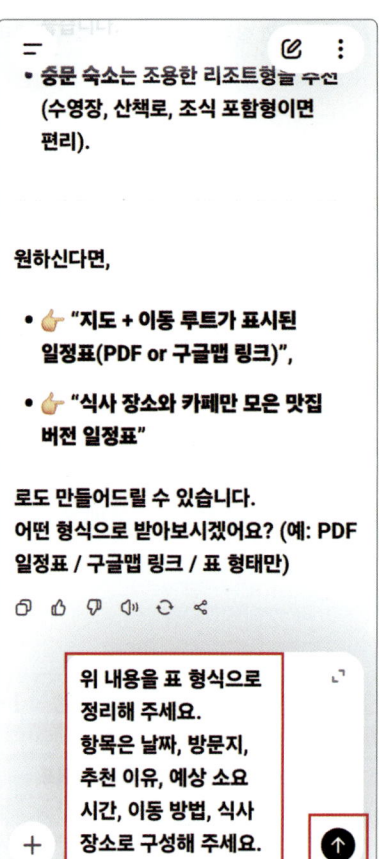

4. PDF 파일로 저장 요청하기

표 형태의 여행 일정을 문서로 활용하고 싶다면 아래와 같이 요청합니다.

> 위 일정을 PDF로 만들어 주세요.
> 한글이 깨지지 않도록 나눔고딕 또는 맑은 고딕 폰트를 사용해 주세요.
> 표 안 글자가 잘리지 않도록 자동 줄바꿈과 셀 크기 자동 조정을 적용해 주세요.

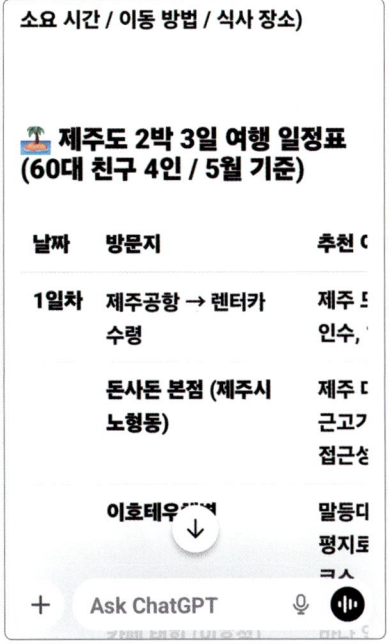
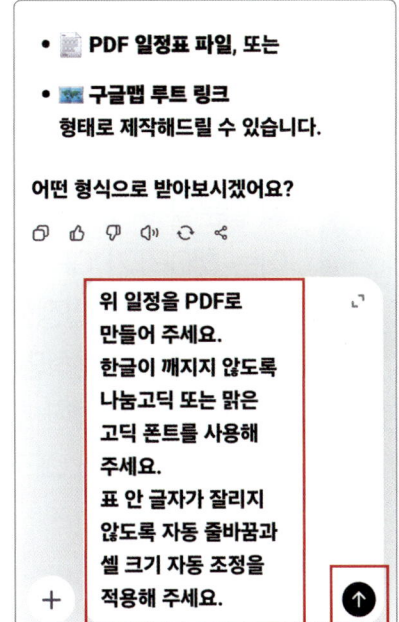

5. 결과 저장 및 확인하기

PDF 파일이 생성되면 터치하여 저장하고, [열기]를 눌러 결과를 확인합니다.

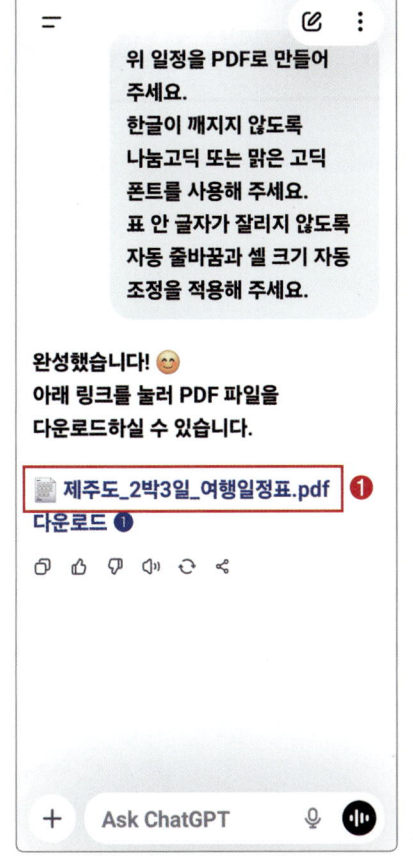

 **TIP**

채팅 도중 다음과 같은 메시지가 나타나면 [닫기] 버튼을 누른 후 대화를 이어가거나 [새 채팅]을 통해 다시 질문할 수 있습니다.

이는 챗GPT가 GPT-5 모델을 사용 중일 때 제공되는 질문 횟수에 일정한 제한이 있기 때문입니다. 제한 횟수를 모두 사용하면 자동으로 'mini' 모델로 전환되어 계속 이용할 수 있지만, 성능이 다소 낮아지고 복잡한 추론이나 분석 기능이 줄어들 수 있습니다. 제한은 일정 시간이 지나면 다시 초기화되어 GPT-5를 재사용할 수 있습니다.

04 음성으로 질문하기

스마트폰에서는 글자를 직접 입력하지 않아도 음성으로 질문할 수 있습니다. 특히 작은 화면에서 글자 입력이 불편하거나 빠르게 질문하고 싶을 때 유용한 방법입니다.

1 입력창에서 마이크 버튼을 누른 뒤, 말하고 싶은 내용을 자연스럽게 말합니다. 말하기가 끝나면 ↑ 버튼을 눌러 전송합니다. 그러면 음성이 자동으로, 텍스트로 변환되고, 곧바로 아래에 답변이 표시됩니다.

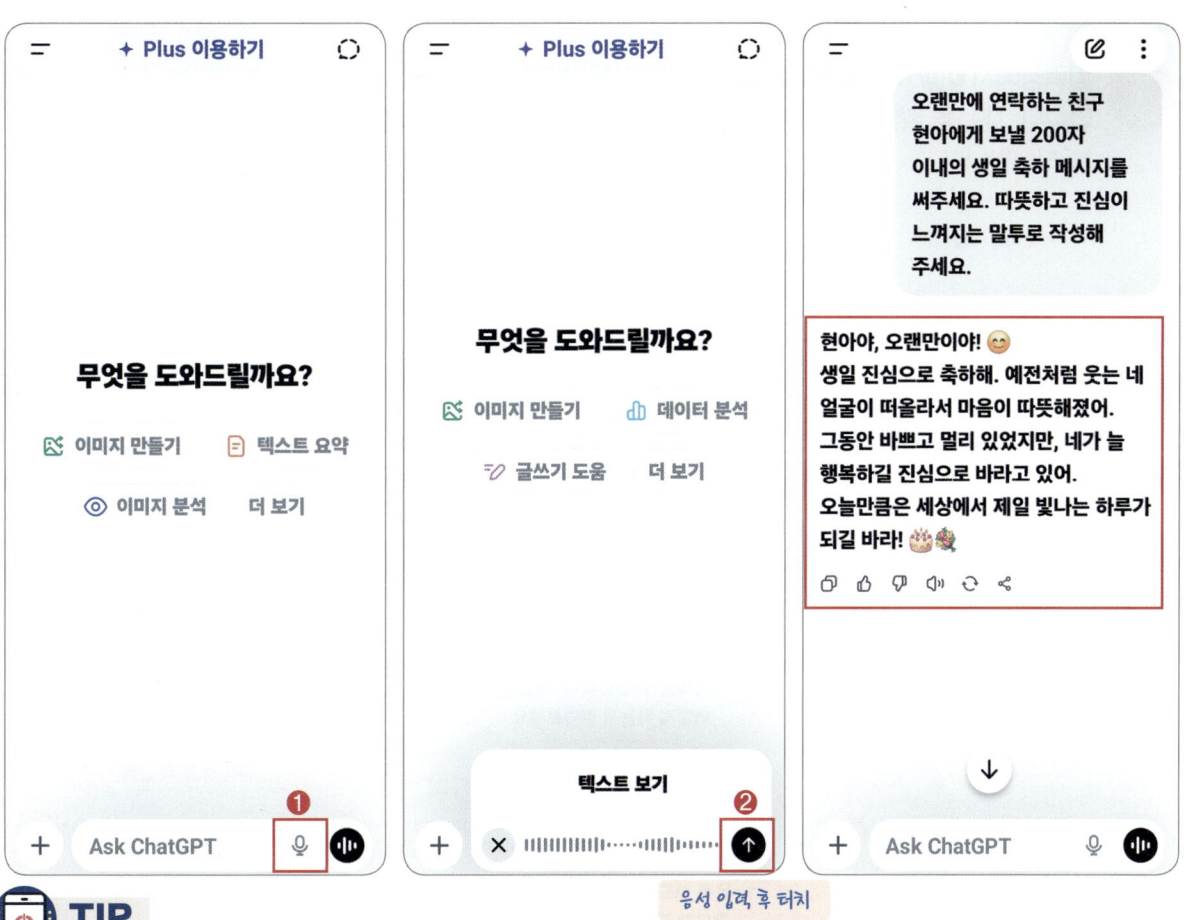

음성 입력 후 터치

TIP

처음 마이크 버튼을 누르면 'ChatGPT에서 오디오를 녹음하도록 허용하시겠습니까?'라는 메시지가 나타납니다. 이때 [앱 사용 중에만 허용]을 선택하면 음성 입력 기능을 사용할 수 있습니다.

05 고급 음성으로 대화하기

챗GPT는 단순한 텍스트 대화를 넘어, 실제 사람과 대화하듯 음성으로 질문하고 답변을 주고받을 수 있는 고급 음성 모드를 제공합니다.

일반 음성 입력이 단순히 말을 글자로 바꾸는 기능이라면, 고급 음성 모드는 말투·억양·속도까지 인식해 보다 자연스러운 대화를 이어갑니다. 질문과 답변이 모두 음성으로 오가기 때문에 화면을 보지 않아도 대화를 계속할 수 있으며, 장시간 상담이나 학습, 정보 검색에도 활용도가 높습니다.

1 입력창에서 🎙 버튼을 터치합니다. 처음 사용할 때는 '고급 음성 모드 살짝 들여다보기' 화면이 나타납니다. 내용을 확인한 뒤 [계속]을 누르고, 화면을 옆으로 쓸어가며 원하는 음성을 선택한 후 [완료]를 터치합니다.

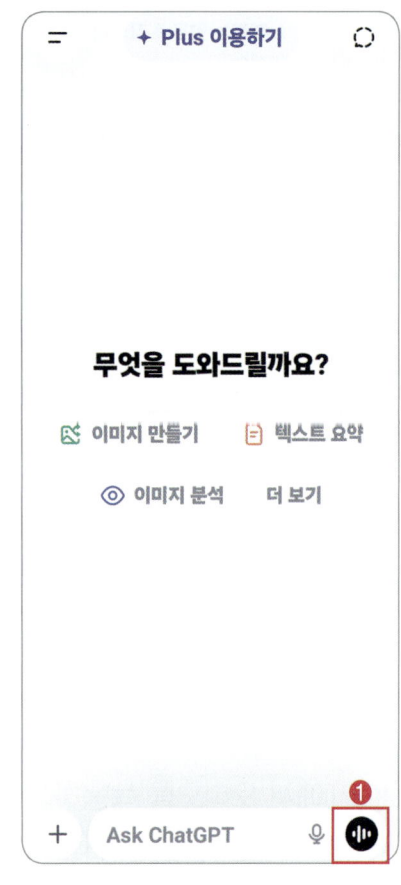

② 화면 중앙에 하늘색 동그라미가 나타나면 궁금한 내용을 말합니다. AI가 질문을 인식하고 설정된 음성으로 답변을 제공합니다. 더 궁금한 점이 있다면 연속해서 질문을 이어갈 수 있습니다. 필요한 대화를 모두 마쳤다면 화면 오른쪽 하단의 ✕ 버튼을 눌러 대화를 끝냅니다. 대화 내용은 화면에 표시되며, 채팅 목록에도 자동으로 저장됩니다.

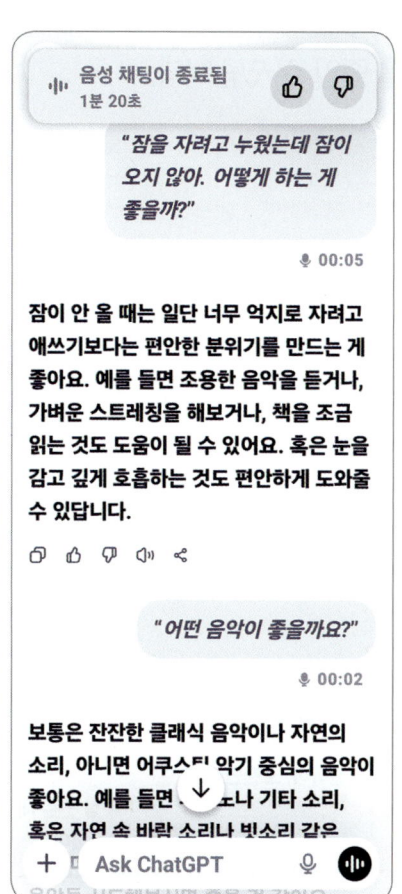

◐ 카카오톡에 챗GPT 내용 복사해서 붙이기

챗GPT에서 얻은 답변을 카카오톡에 복사하여 그대로 사용할 수 있습니다. 필요한 부분만 골라 붙여 넣으면 메시지 작성 시간을 줄일 수 있습니다.

1. 필요한 답변 복사하기

챗GPT의 답변 중 원하는 부분을 복사하려면, 복사할 내용을 길게 눌러 나타나는 메뉴에서 [텍스트 선택]을 터치합니다.

'텍스트 선택' 화면이 나타나면, 다시 글자 부분을 길게 눌러 물방울 모양의 선택 핸들을 드래그해 복사할 시작점과 끝점을 지정한 뒤 나타나는 메뉴에서 [복사]를 선택합니다.

2. 카카오톡에 붙여넣기

화면 하단의 [홈] 버튼을 눌러 카카오톡을 실행한 뒤, 복사한 내용을 보낼 채팅창을 엽니다. 메시지 입력창을 길게 눌러 나타나는 메뉴에서 [붙여넣기]를 터치하고, 복사한 내용이 입력되면 ▶ 버튼을 눌러 메시지를 전송합니다.

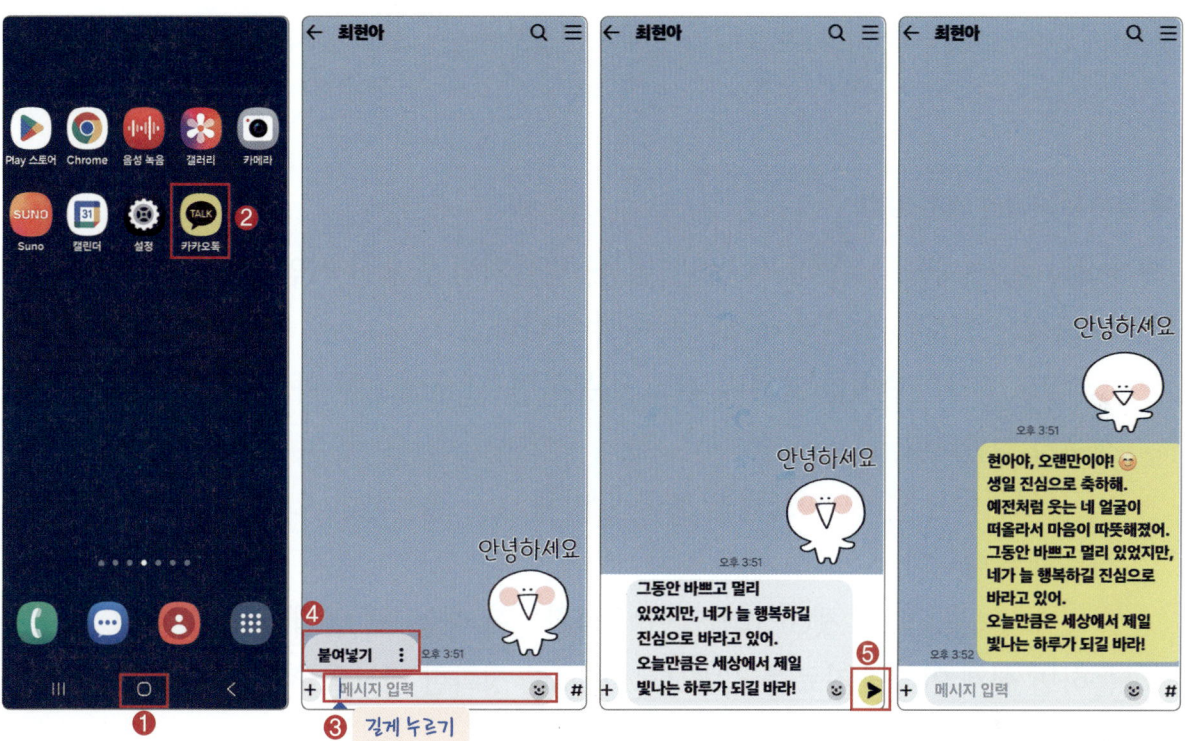

 **TIP**

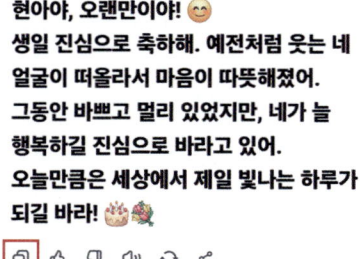

답변 전체를 그대로 복사하고 싶다면, 답변 아래에 있는 [복사] 버튼을 눌러 한 번에 복사할 수도 있습니다.

> **참고**
>
> **챗GPT의 착각, '할루시네이션'**
> 챗GPT는 매우 똑똑한 인공지능이지만 항상 정확한 것은 아닙니다. 때때로 사실이 아닌 내용을 그럴듯하게 말하기도 하는데, 이를 '할루시네이션(Hallucination)'이라고 부릅니다.
> 예를 들어, 실제로 존재하지 않는 책 제목을 마치 있는 것처럼 말하거나 뉴스에 보도되지 않은 사건을 사실처럼 설명하는 경우가 있습니다.
> 이런 현상은 인공지능이 '지어낸 말'을 진짜처럼 보여주는 대표적인 사례입니다.

■ **할루시네이션 대처 방법**

- **중요한 정보는 반드시 확인하기:** 건강, 금융, 법률처럼 중요한 사안은 반드시 공신력 있는 자료나 전문가 의견과 대조해 보아야 합니다.
- **출처를 요청하기:** '출처를 알려줘.'라고 질문하면 AI가 참고한 자료나 링크를 제시하는 경우가 있습니다.
- **질문을 바꿔 다시 물어보기:** 표현을 조금 달리해 다시 질문하면 오류 가능성이 줄어드는 경우가 많습니다.
- **웹 검색 기능 활용하기:** 챗GPT의 답변이 불확실할 때는 '웹 검색' 기능을 켜고 다시 질문하면 실제 인터넷 자료를 기반으로 한 보다 정확한 정보를 확인할 수 있습니다.

챗GPT는 '절대적인 정답을 주는 존재'가 아니라 생각을 돕는 똑똑한 조력자입니다. 친구가 알려준 정보도 다시 확인해 보듯, 챗GPT의 답도 검증하는 습관이 필요합니다.

Section 04

챗GPT 도구 살펴보기

○○○>>>

챗GPT는 단순히 질문에 답변하는 기능을 넘어, 여러 도구를 활용해 훨씬 더 깊이 있고 실용적인 결과를 얻을 수 있습니다. 예를 들어 특정 주제를 다양한 관점에서 분석하거나, 최신 정보를 실시간으로 검색하고, 낯선 개념을 쉽게 배울 수도 있습니다. 이 장에서는 이러한 주요 도구들을 하나씩 살펴보며, 어떤 상황에서 어떻게 활용하면 좋은지 구체적으로 알아봅니다.

 학습내용

- ✓ 챗GPT의 주요 도구 기능을 알아봅니다.
- ✓ 각 도구의 활용 목적과 사용 예시를 이해합니다.
- ✓ 챗GPT 대화 내용을 링크로 공유하는 방법을 익힙니다.

01 깊이 있는 답변 받기 - 생각 중

'생각 중' 기능은 챗GPT가 단순한 요약 수준을 넘어, 여러 관점에서 분석하고 체계적으로 정리된 답변을 생성할 때 사용됩니다. 일반적인 대화보다 시간이 조금 더 걸리지만, 그만큼 풍부한 정보와 깊이 있는 설명을 받을 수 있다는 장점이 있습니다.

예를 들어 다음과 같은 질문을 통해 활용할 수 있습니다.

"건강검진 결과를 해석하고 생활 습관 조언을 자세히 해 주세요."

"우리나라 연금 제도의 장단점을 비교하고, 앞으로 어떤 변화가 필요할지 제안해 주세요."

"퇴직 후 삶의 만족도를 높이기 위한 핵심 요소 3가지를 사회·경제·심리 측면에서 분석해 주세요."

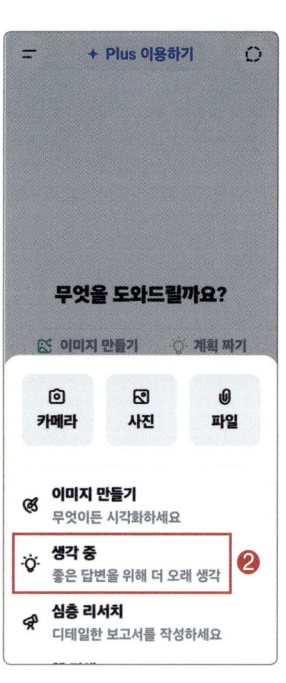
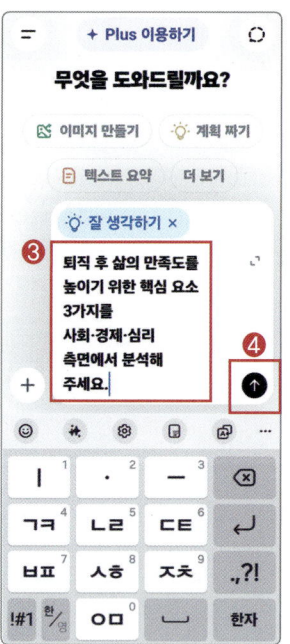
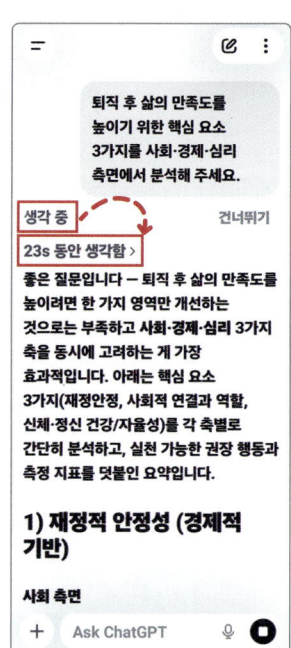

챗GPT 첫 화면에서 왼쪽의 [파일 추가 및 기타](＋) 버튼을 터치해 '생각 중'을 선택한 뒤, 입력창에 프롬프트를 입력하고 ↑ 버튼을 누릅니다. 응답 카드에 [생각 중…] 상태가 표시되며, 챗GPT가 몇 초 동안 내용을 분석하고 정리한 후 완성된 답변을 제공합니다.

이 기능은 단순히 사실을 나열하는 것이 아니라 논리적인 근거와 구조화된 설명을 포함하기 때문에, 복잡한 주제를 정리하거나 체계적인 보고서를 작성할 때 유용합니다.

챗GPT 기능을 사용할 때 카메라, 사진, 파일 등 내가 가진 정보를 함께 첨부하면 AI가 더 구체적이고 실용적인 답변을 제공합니다.

- **카메라**: 스마트폰 카메라로 직접 촬영한 이미지를 바로 AI에게 보여줄 수 있습니다. 촬영한 사진을 분석하거나 설명을 요청하고, 그 안에서 필요한 정보를 찾는 데 활용할 수 있습니다.
- **사진**: 이미 찍어둔 사진을 불러와 분석을 요청하는 기능입니다. 스크린샷, 명함, 안내문, 음식 사진 등 어떤 이미지도 가능하며, 글자 추출·설명·번역·요약 등 다양한 방식으로 활용할 수 있습니다.
- **파일**: PDF, 엑셀 등의 파일을 첨부하면 내용을 분석·요약·정리해 줍니다. 길고 복잡한 자료도 AI가 대신 읽고 핵심을 뽑아주기 때문에 실무나 공부에 특히 유용합니다.

예제 손글씨로 쓴 여행 경비 사진 분석하기

챗GPT는 손으로 쓴 메모나 영수증 사진도 인식할 수 있습니다.

＋ 버튼을 터치한 뒤 [카메라]를 선택하고 촬영 버튼을 눌러 여행 경비 사진을 찍습니다. 이후 입력창에 아래 문장을 입력하고 ↑ 버튼을 누르면, AI가 사진 속 내용을 분석해 항목별 정리와 총합을 계산해 줍니다.

이 사진에는 여행을 하며 사용한 경비가 적혀 있습니다.
각 항목별 금액을 인식해서 날짜별 합계와 전체 총액을 계산해 주세요.
교통비, 식비, 숙박비, 기타 항목으로 구분해 표로 정리해 주세요.

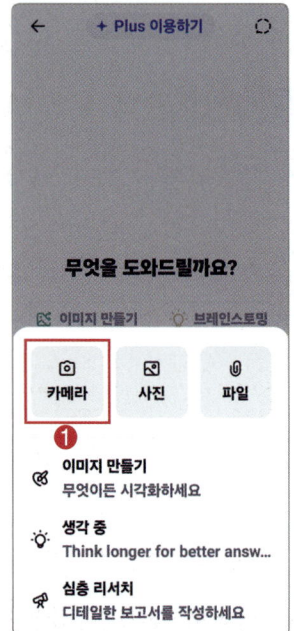 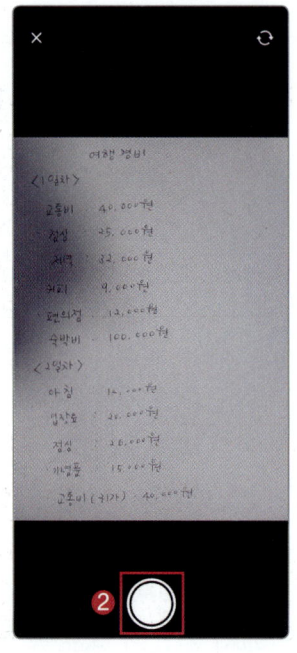 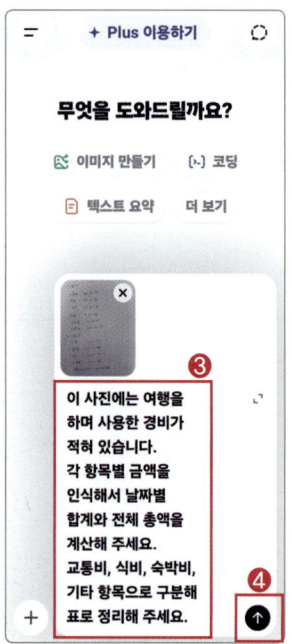 

 TIP

손으로 쓴 메모나 영수증은 사진의 밝기나 글씨체에 따라 인식률이 낮을 수 있습니다.
가능하면 글씨를 또렷하게 쓰고, 밝은 조명에서 촬영하면 결과가 더 정확해집니다.

02 자료 조사 및 분석하기
- 심층 리서치

'심층 리서치' 기능은 챗GPT가 인터넷을 직접 탐색해 여러 출처의 정보를 종합·분석하고, 근거와 인용이 포함된 보고서 형태의 결과를 만들어 주는 고급 조사 기능입니다. 단순히 알고 있는 내용을 요약하는 것이 아니라, 실제 웹상의 최신 자료를 찾아 배경·이슈·통계·전망을 함께 정리해 주기 때문에 더욱 신뢰도 높은 분석을 받을 수 있습니다.

예를 들어 다음과 같이 요청할 수 있습니다.

"최근 5년간 우리나라 중장년층(50~60대)의 여가·여행 소비 변화를 통계와 함께 분석하고, 코로나19 전후의 차이를 비교해 주세요."

"50대 이후 건강관리 시장(헬스케어·운동·건강식품 등)의 성장 추이를 조사하고, 앞으로 주목할 만한 트렌드를 제시해 주세요."

"퇴직 후 창업한 사람들의 업종별 분포와 성공·실패 요인을 최근 3년 통계와 함께 분석해 주세요."

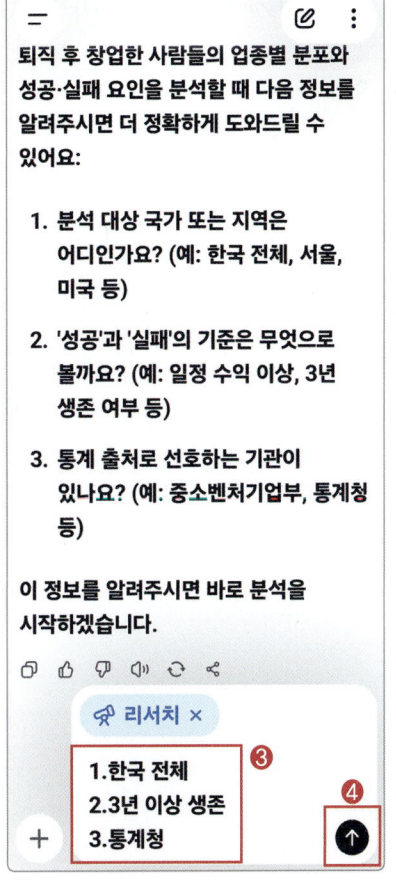

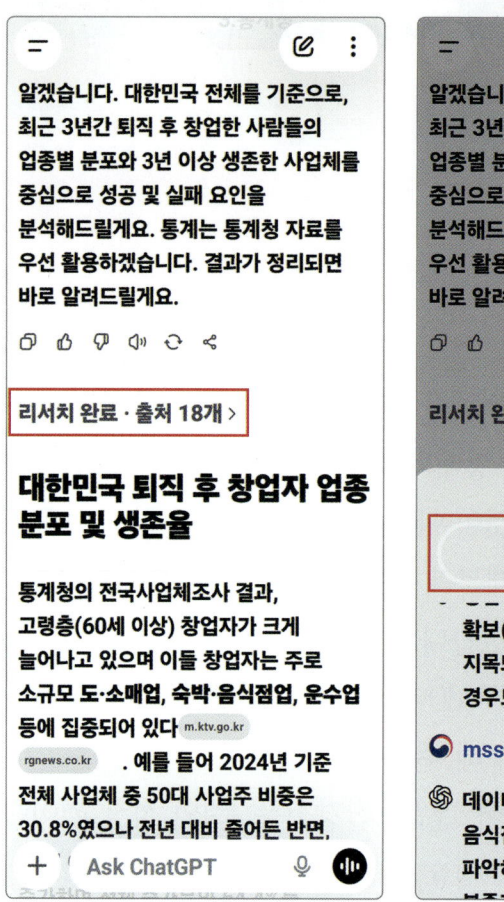

    심층 리서치를 실행하면 챗GPT가 먼저 필요한 세부 정보를 확인하기 위해 추가 질문을 제시합니다. 사용자가 이에 답변하면 AI가 인터넷에서 관련 자료를 탐색하고 분석을 시작합니다.

    이 과정은 주제의 범위와 자료의 양에 따라 몇 분에서 길게는 수십 분까지 걸릴 수 있습니다.

    조사가 완료되면 인용과 근거가 포함된 보고서 형태의 결과가 생성됩니다.

    출처를 클릭하면 [활동]과 [링크] 메뉴를 통해 AI가 어떤 활동을 통해 보고서를 작성했는지, 참고한 출처는 어딘지를 바로 확인할 수 있습니다.

    이 기능을 활용하면 여러 사이트를 일일이 검색하지 않아도 핵심 내용을 한눈에 파악할 수 있어, 발표 자료·정책 제안서·기획 보고서 등을 준비할 때 유용합니다. 무료 사용자는 월 최대 5회까지 사용할 수 있습니다.

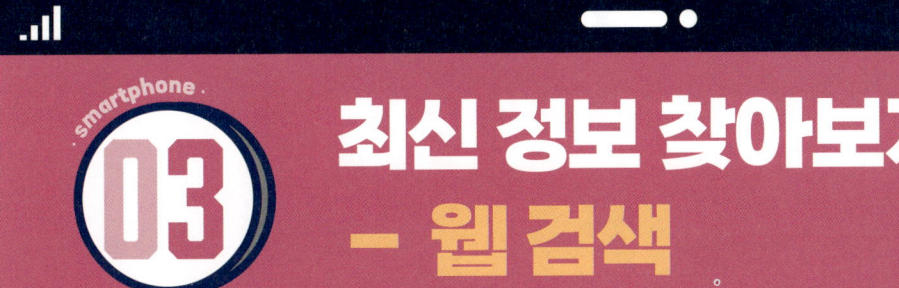

최신 정보 찾아보기 – 웹 검색

기존 챗GPT는 학습된 지식만을 활용하기 때문에 최신 뉴스나 최근 발표된 자료를 다루는 데 한계가 있습니다. 하지만 '웹 검색' 기능을 사용하면 인터넷에서 최신 정보를 실시간으로 찾아 반영할 수 있습니다.

예를 들어 다음과 같이 활용할 수 있습니다.
"최근 3개월간 치매 예방에 관한 새로운 연구 소식을 알려주세요."
"최근 1개월 내에 발표된 AI 관련 주요 뉴스를 요약해 주세요."
"올해 변경된 건강보험 관련 소식을 최신 기사 기준으로 핵심만 알기 쉽게 알려주세요."

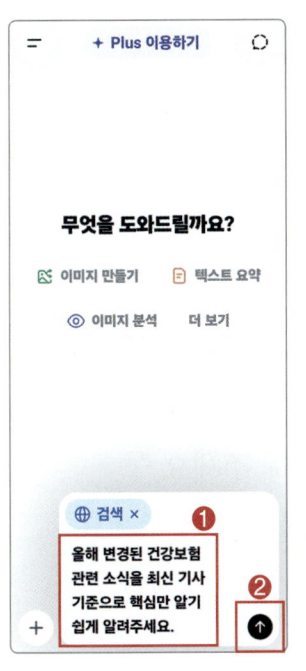 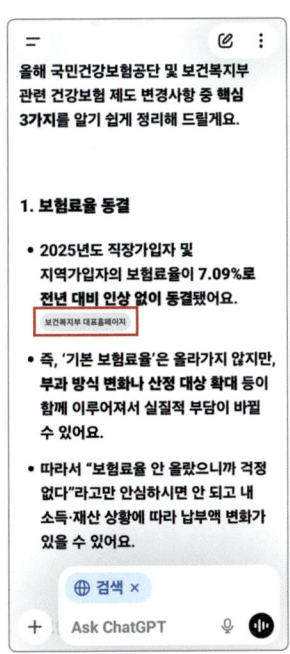 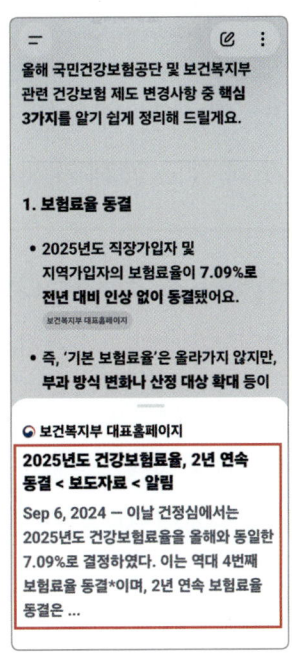 

웹 검색을 완료하면 답변에 근거가 된 출처가 표시됩니다. 출처를 터치하면 관련 기사나 자료의 원문 내용을 확인할 수 있습니다.

이 기능은 시시각각 변하는 사회 이슈, 과학기술, 법률·정책 정보를 확인할 때 특히 유용하며, 정보가 최신인지 여부를 스스로 확인할 수 있다는 점에서 장점이 있습니다.

04 새로운 개념 배우기 - 공부하고 배워요

'공부하고 배워요' 기능은 새로운 개념이나 어려운 내용을 쉽고 단계적으로 이해할 수 있도록 돕는 기능입니다. 복잡한 주제도 차근차근 풀어서 설명해 주기 때문에, 스스로 학습하거나 개념을 정리할 때 유용합니다.

이 기능을 선택하면 다음 세 가지 방식으로 효과적인 학습 도움을 받을 수 있습니다.

- **숙제를 도와주세요**: 특정 주제나 문제에 대한 개념 정리, 예시 설명, 요약 등을 요청할 수 있습니다.
- **토픽을 설명해주세요**: 관심 있는 주제나 낯선 개념을 초보자도 이해할 수 있도록 단계별로 설명해 줍니다.
- **연습 퀴즈를 만들어주세요**: 학습한 내용을 복습할 수 있도록 간단한 퀴즈를 제공합니다. 정답을 입력하면 AI가 해설도 함께 제시합니다.

예를 들어 다음과 같이 활용할 수 있습니다.
"퇴직 후 창업을 준비 중입니다. 사업자등록 절차와 필요한 서류를 단계별로 정리해 주세요."
"탄소중립이 무엇인지, 일상생활 속에서 실천할 방법을 함께 설명해 주세요."
"고령자 대상 디지털 교육에서 자주 쓰이는 용어로 5문항의 퀴즈를 만들어 주세요."

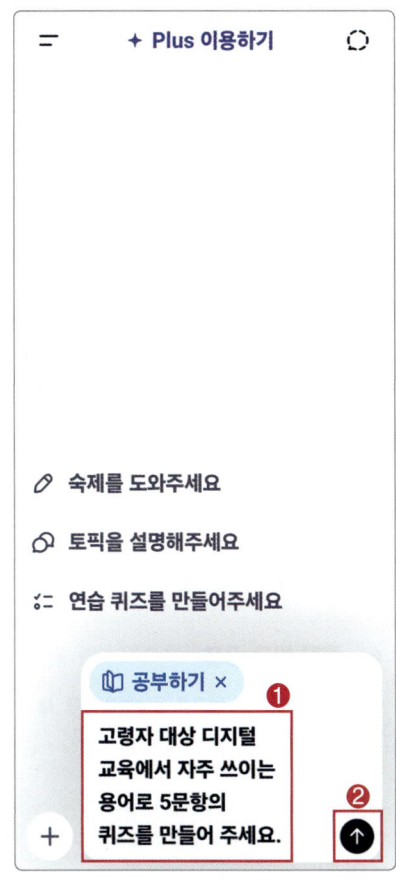
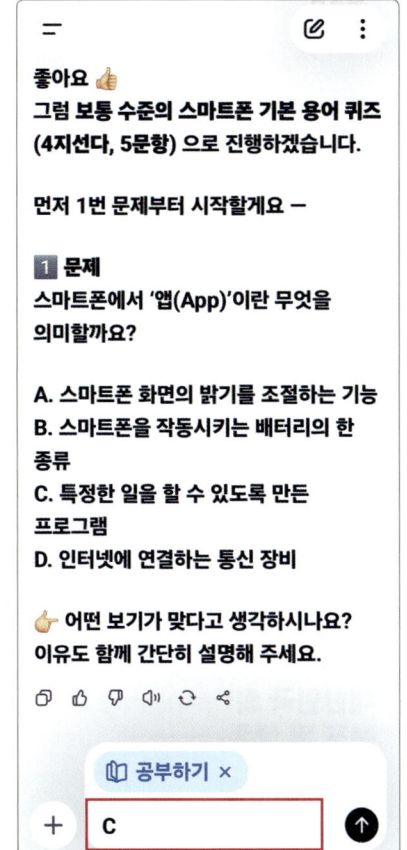
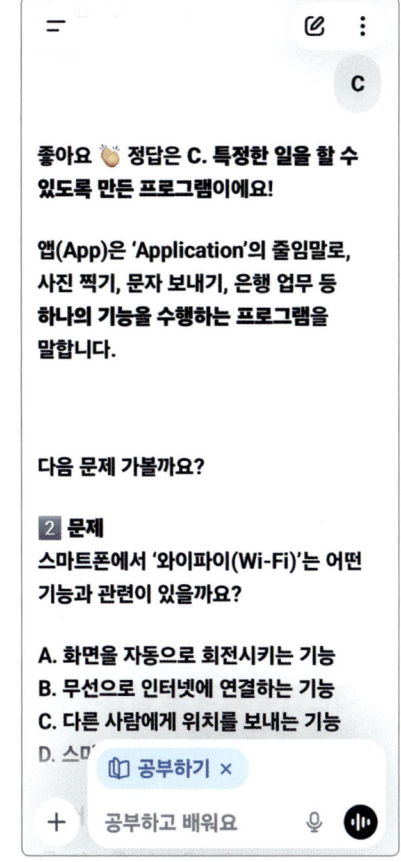

마지막 예시처럼 '퀴즈를 만들어 주세요'라고 입력하면, 문제가 생성되고 정답을 입력하면 해설이 함께 표시되어 학습 효과를 높일 수 있습니다.

이 기능은 단순히 개념을 이해하는 것을 넘어, 복습과 적용, 자기 점검까지 가능하게 해 줍니다.

▶ 챗GPT 대화 내용 링크로 공유하기

챗GPT에서 나눈 대화를 다른 사람에게 공유할 수 있습니다. 링크를 공유하는 방법에 대해 알아보겠습니다.

 공유할 채팅을 연 다음 오른쪽 상단의 점 세 개 버튼을 터치한 다음 나오는 메뉴 중 [공유]를 터치합니다. '채팅 링크 공유' 화면이 나타나면 화면 하단의 [링크 공유]를 터치합니다.

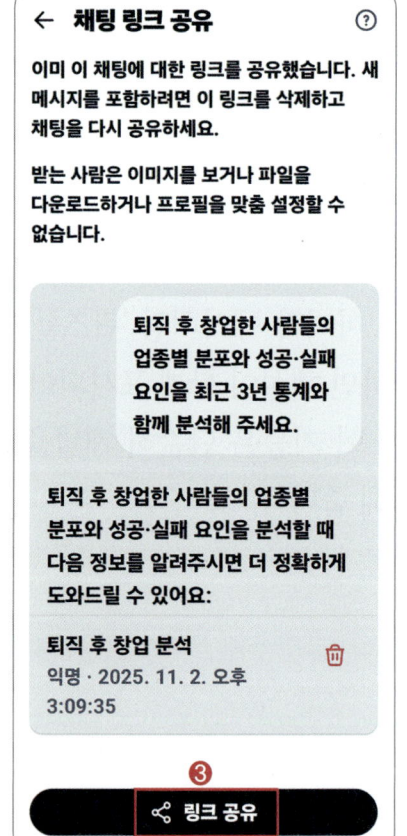

 [링크 공유] 화면이 나타나면 공유할 대상을 선택합니다. 선택이 완료되면 링크가 전송되며, 받은 사람이 링크를 터치하면 해당 내용을 바로 확인할 수 있습니다.

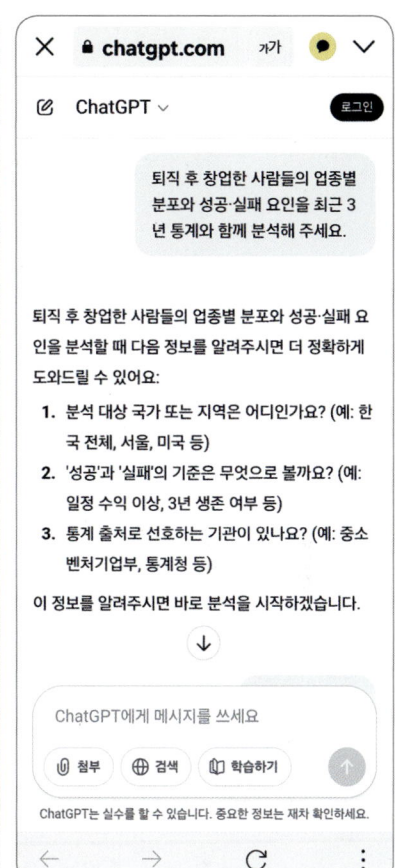

Section 05

챗GPT로 나만의 이모티콘 만들기

○○○≫

챗GPT는 글쓰기뿐만 아니라 사용자가 입력한 문장을 바탕으로 이미지를 생성하는 기능도 제공합니다. 이를 활용하면 전문 디자인 기술 없이도 손쉽게 원하는 장면이나 캐릭터를 만들 수 있으며, 나만의 이모티콘을 제작하는 것도 가능합니다. 이 장에서는 AI 이미지 활용법부터 프롬프트 작성 요령, 이미지 생성 및 수정 방법을 알아보고, 마지막으로 나를 닮은 이모티콘을 직접 만들어 카카오톡 등에서 활용하는 방법까지 단계별로 살펴봅니다.

 학습내용

- ✓ 챗GPT의 이미지 생성 기능과 활용 방법을 알아봅니다.
- ✓ 구체적인 프롬프트로 고품질 이미지를 만드는 방법을 알아봅니다.
- ✓ 나를 닮은 이모티콘을 제작하고 활용하는 방법을 익힙니다.

01 AI 이미지를 활용하는 다양한 방법

챗GPT의 이미지 생성 기능은 단순히 재미로 이미지를 만드는 수준을 넘어, 콘텐츠 제작 전반에 다양하게 활용할 수 있습니다. 텍스트만 입력하면 원하는 장면을 시각화해 주기 때문에, 디자인 툴을 다루지 못하더라도 누구나 손쉽게 시각 자료를 만들 수 있습니다. 다음은 대표적인 활용 사례입니다.

▪ 카드뉴스·SNS 콘텐츠 제작

짧은 정보나 메시지를 전달할 때 이미지는 가장 빠르고 직관적인 수단입니다. 카드뉴스나 SNS 게시물에 어울리는 일러스트, 인포그래픽, 상황 이미지를 쉽게 생성할 수 있습니다.

▪ 블로그·프레젠테이션 삽화 제작

글 중심의 블로그 포스팅에 어울리는 그림을 첨부하거나, 발표 자료에 들어갈 배경·아이콘을 직접 제작할 수 있습니다.

▪ 영상 썸네일 제작

유튜브, 쇼츠, 릴스 같은 영상 플랫폼에서는 썸네일이 클릭률을 좌우합니다. 챗GPT 이미지 생성 기능을 이용하면 개성 있는 썸네일 이미지를 빠르게 만들 수 있습니다.

▪ 교육 자료·책 삽화 제작

그림책, 교재, 워크시트 등에 들어갈 일러스트를 직접 제작할 수 있어 외주나 이미지 사이트를 찾는 시간을 줄여 줍니다.

▪ 그림책·웹툰·컬러링북 제작

구체적인 장면과 인물 설정을 입력하면 연속된 장면을 만드는 것도 가능해, 창작 프로젝트에도 활용할 수 있습니다.

이미지 품질을 높이는 프롬프트 작성법

이미지의 완성도는 프롬프트(지시문)의 구체성에 따라 달라집니다. 단순히 '고양이 그림'이라고 입력하면 단순한 결과물이 나오지만, 자세히 설명할수록 디테일이 풍부한 이미지가 만들어집니다. 다음은 품질을 높이는 핵심 요소입니다.

■ **프롬프트에 포함하면 좋은 요소**

- **장면·배경:** 어디서 어떤 상황이 벌어지는지
  - 예: "벚꽃이 흩날리는 봄날의 공원에서"

- **등장인물·대상:** 등장인물의 수, 외형, 표정, 복장 등
  - 예: "노란 우비를 입은 아이가 미소 지으며 서 있는"

- **스타일:** 그림의 분위기나 표현 방식
  - 예: "수채화 스타일", "3D 픽사풍", "만화 스타일"

- **색감·분위기:** 감정적 느낌과 색상 톤
  - 예: "따뜻하고 부드러운 파스텔톤"

- **구도·시점:** 보는 각도나 화면 구도
  - 예: "정면에서 본 모습", "위에서 내려다본 장면"

- **이미지 크기(사이즈):** 이미지의 비율이나 출력 크기
  - 예: "정사각형(1:1)", "가로형(16:9)", "세로형(9:16)"

■ 예시 비교

- **막연한 프롬프트**: "고양이 그림"
  → 단순히 고양이를 그린 기본적인 이미지가 생성됩니다. (예 첫 번째 이미지처럼 배경이나 분위기가 없는 단순한 그림)

- **구체적인 프롬프트**: "노란 소파 위에 앉아 책을 읽는 회색 고양이, 따뜻한 조명이 비치는 거실, 부드러운 수채화 스타일"
  → 원하는 장면·분위기·스타일까지 정확히 반영된 이미지가 생성됩니다. (예 두 번째 이미지처럼 상황과 감정이 드러나는 그림)

이처럼 요소를 세분화하여 작성하면 AI가 훨씬 더 정확하게 의도를 파악하고, 높은 퀄리티의 이미지를 생성합니다.

■ 프롬프트 작성 팁

프롬프트는 한글로 작성해도 문제없이 작동하지만, 영어로 작성하면 더 정교한 결과물이 나오는 경우가 많습니다. 이는 AI가 주로 영어 데이터를 기반으로 학습되었기 때문입니다.

03 이미지 생성 기본 사용법

챗GPT에서 이미지를 만드는 과정은 매우 간단합니다. 다음 단계를 차례로 따라 하면 쉽게 이미지를 만들 수 있습니다.

1. [이미지 만들기] 기능 선택하기

이미지 생성을 시작하려면 먼저 챗GPT 화면 왼쪽 하단의 [파일 추가 및 기타](＋) 버튼을 터치한 뒤, 메뉴에서 [이미지 만들기]를 선택합니다.

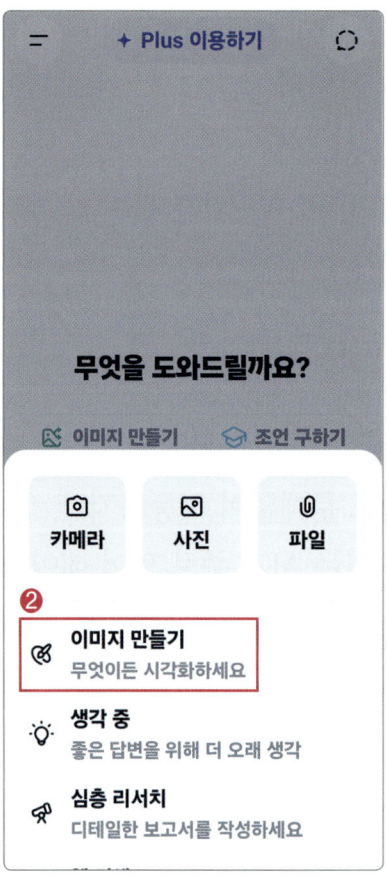

 TIP

[이미지 만들기] 기능을 선택하지 않아도 이미지를 생성할 수 있지만, 기능을 켜고 사용하는 것이 더 정확하고 품질 높은 이미지를 만드는 데 도움이 됩니다.

2. 프롬프트 입력하기

만들고 싶은 장면이나 상황을 구체적으로 입력한 뒤 ⬆ 버튼을 터치하면 챗GPT가 이를 분석해 이미지를 생성합니다.

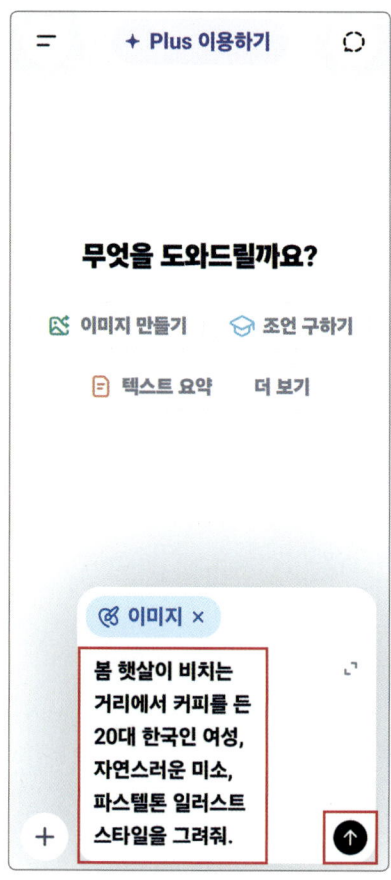

- 예: "봄 햇살이 비치는 거리에서 커피를 든 20대 한국인 여성, 자연스러운 미소, 파스텔톤 일러스트 스타일을 그려줘"

3. 결과물 다운로드하기

생성된 이미지를 길게 터치하면 메뉴가 나타납니다. 이때 [저장]을 선택하면 이미지를 스마트폰에 다운로드할 수 있습니다.

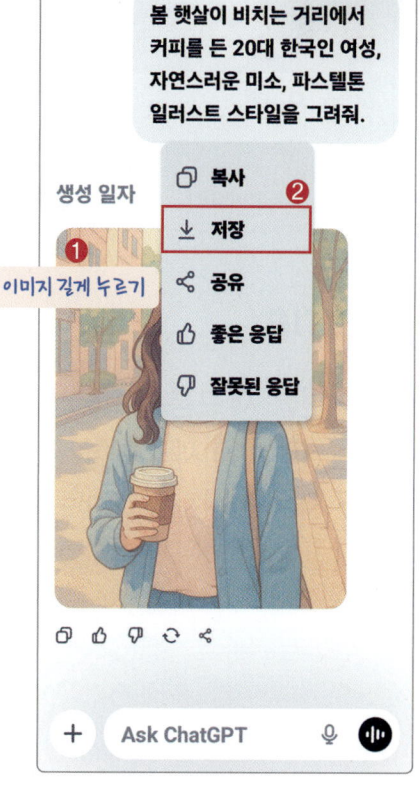

04 이미지 수정 및 스타일 변경하기

이미지가 마음에 들지 않을 때는 이미지를 터치하고, 하단의 [편집] 또는 [선택] 메뉴를 이용해 수정하거나 다시 생성할 수 있습니다.

 TIP

- 편집: 새 프롬프트를 입력해 스타일이나 이미지를 바꿀 수 있는 기능입니다.
- 선택: 이미지의 특정 부분을 선택해 원하는 부분만 수정할 수 있는 기능입니다.
- 저장: 이미지를 스마트폰에 다운로드해 보관할 수 있는 기능입니다.
- 공유: 생성된 이미지를 다른 앱이나 사람에게 전송할 수 있는 기능입니다.

1. 특정 부분 선택해 수정하기

[선택](선택) 버튼을 누른 다음 수정할 영역을 드래그하여 선택하고 [다음]을 터치합니다. 수정할 내용을 입력한 후 ↑ 버튼을 누르면 결과가 반영된 이미지가 생성됩니다.

- 예: "여성의 머리를 단발로 바꿔줘."

2. 텍스트나 요소 추가하기

기존 이미지를 유지한 채 일부 요소를 추가하거나 수정하고 싶다면 [편집]( ) 버튼을 터치합니다. 변경할 내용을 입력한 뒤 ↑ 버튼을 누르면 반영된 이미지가 생성됩니다.

- **예:** "이미지 안에 "커피 한 잔의 여유"라는 문구를 넣어줘. 글자는 화면 오른쪽 하단, 파스텔톤과 어울리는 얇은 명조체로."

3. 새로운 스타일로 재생성하기

같은 장면이라도 전혀 다른 분위기로 바꾸고 싶다면 [편집](편집) 버튼을 터치합니다. 원하는 스타일을 입력한 뒤 ↑ 버튼을 누르면 새로운 스타일이 적용된 이미지가 생성됩니다.

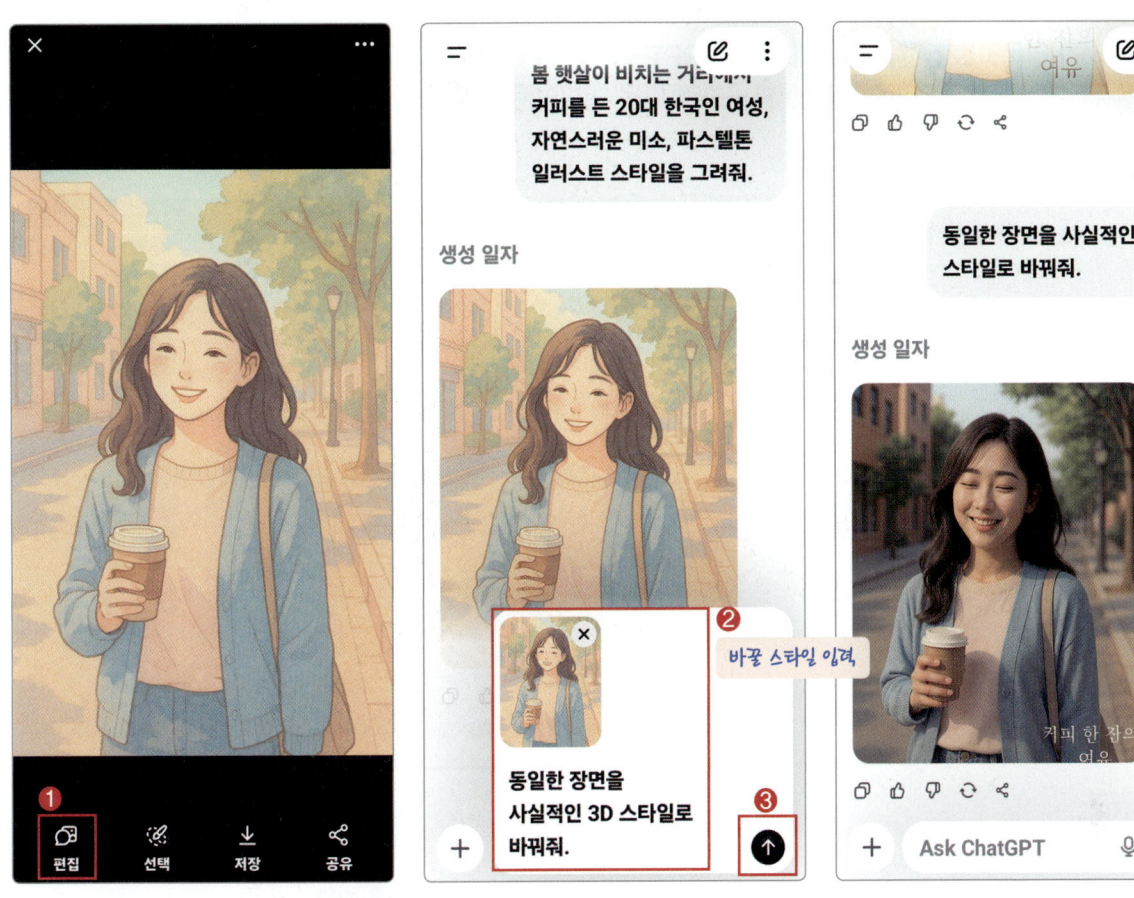

- 예: "동일한 장면을 사실적인 3D 스타일로 바꿔줘."

05 나를 닮은 이모티콘 만들기

1 나를 닮은 이모티콘을 만들기 위해 챗GPT 화면 왼쪽 하단의 [파일 추가 및 기타](+) 버튼을 터치한 뒤, 메뉴에서 [사진]을 선택합니다. 그런 다음 이모티콘 제작에 참고할 내 사진을 터치하여 선택하고 [완료]를 누릅니다.

2 다시 [파일 추가 및 기타](+) 버튼을 터치한 뒤 이번에는 [이미지 만들기]를 선택합니다. 프롬프트 입력란에 아래와 같은 프롬프트를 입력한 후 ↑ 버튼을 터치합니다.

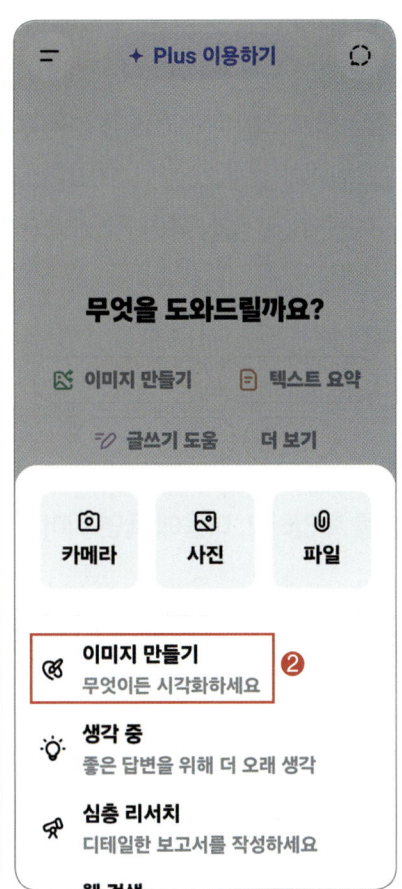

이모티콘 생성을 위한 프롬프트

업로드한 인물 사진을 참고해서 해당 인물과 닮은, 귀엽고 친근한 캐릭터로 한 장의 이미지 안에 9개의 칸이 균등하게 배열된 이모티콘 세트를 만들어줘.
각 칸에는 카카오톡에서 자주 쓰는 짧은 문구가 들어간 말풍선을 포함하고, 문구에 어울리는 표정을 다양하게 표현해줘.
배경은 파스텔 톤으로 하고 흰색 점 장식을 넣어줘.
말풍선은 캐릭터 머리 위에 배치하고, 글자가 잘리지 않도록 여백을 확보해줘.
스타일은 (원하는 스타일 입력)로 해줘.

[스타일]에 넣기 좋은 추천 스타일

입체감 있는 3D 스타일

- 3D 픽사 스타일 – 생동감 있고 따뜻한 3D 애니메이션 느낌
- 3D 카툰 피규어 스타일 – 입체감 있고 귀여운 장난감 피규어 느낌
- 3D 토이 피규어 스타일 – 단순하고 아기자기한 장난감 같은 느낌
- 클레이 피규어 스타일 – 말랑말랑한 점토 질감의 입체적인 느낌

심플하고 활용도 높은 2D 스타일

- 카카오톡 이모티콘 스타일 – 친근하고 단순한 공식 이모티콘 느낌
- 플랫 일러스트 스타일 – 깔끔하고 단정한 2D 그림체 느낌
- 순정만화 스타일 – 눈이 크고 부드러운 선으로 표현된 감성적인 그림체 느낌
- 짱구 스타일 – 귀엽고 단순하며 과장된 표정의 코믹한 느낌
- 스튜디오 지브리 스타일 – 따뜻하고 감성적인 자연색의 아날로그 느낌
- 웹툰 캐릭터 스타일 – 현실적인 인물 비율에 감정 표현이 풍부한 한국식 만화 느낌
- 심슨 스타일 – 강한 윤곽선과 유머러스한 노란색 캐릭터 느낌

3 이모티콘 세트가 생성되면 결과를 확인하고, 마음에 들면 이미지를 길게 터치하여 [저장]을 눌러 스마트폰에 저장합니다.

1. 갤러리 자르기 기능으로 이모티콘 완성하기

생성된 이모티콘 세트는 한 장 전체를 사용하는 것보다 각 이미지를 하나씩 잘라서 사용하는 것이 좋습니다. 스마트폰 갤러리의 [자르기] 기능을 활용해 9개의 이미지를 각각 분리하는 방법을 알아보겠습니다.

 스마트폰에서 [갤러리]를 실행한 뒤, 다운로드한 이모티콘 세트 이미지를 터치합니다.

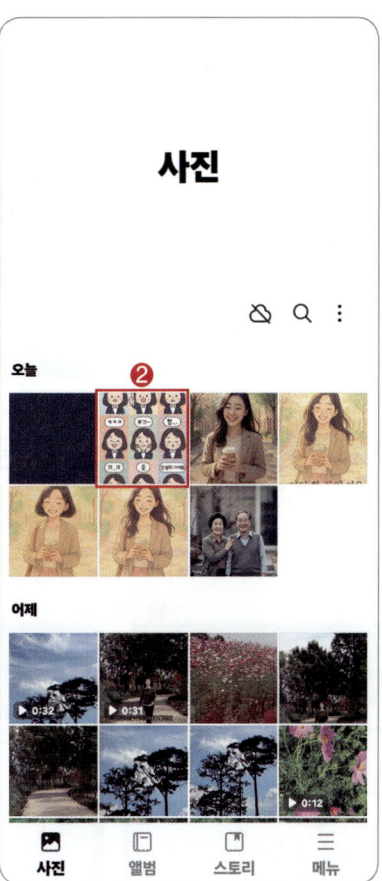

2 화면 하단의 연필 모양 [편집] 버튼을 터치한 다음, 모서리에 있는 [자르기] 기능을 이용해 첫 번째 이모티콘만 포함되도록 영역을 드래그하여 선택합니다.

3 하나의 이모티콘을 잘라냈다면 오른쪽 상단의 점 세 개 버튼을 터치한 후 [다른 파일로 저장]을 눌러 별도의 이미지로 저장합니다. 같은 방법으로 9개의 이미지를 각각 자르고 저장합니다.

2. 이모티콘을 카카오톡에서 사용하기

자른 이모티콘 이미지는 다른 사진들과 함께 저장되면 나중에 찾기 어렵습니다. [즐겨찾기] 기능을 활용해 이미지를 미리 등록해 두면 카카오톡에서 더욱 편리하게 사용할 수 있습니다.

 갤러리에서 이모티콘 이미지를 모두 선택한 다음, 오른쪽 하단의 [더보기] 버튼을 터치하고 [즐겨찾기에 추가]를 누릅니다.

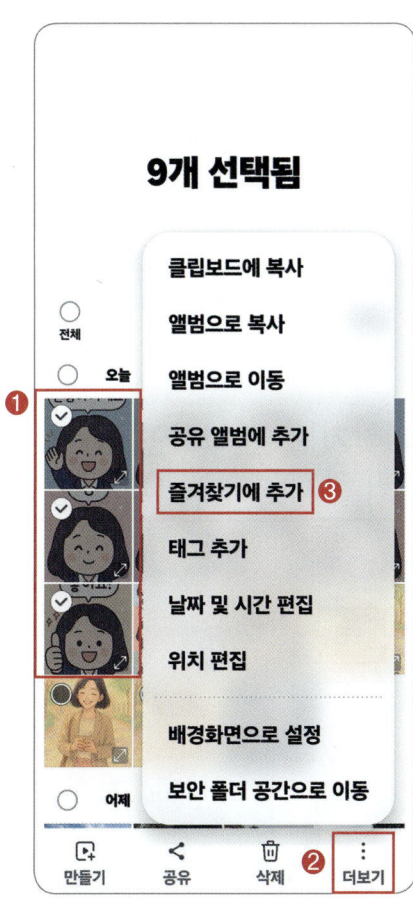

 카카오톡에서 내가 만든 이모티콘을 사용하려면 채팅창 왼쪽 하단의 [첨부] 버튼을 누른 뒤 [앨범]을 선택합니다. 앨범 화면이 열리면 왼쪽 하단의 [전체]를 터치합니다.

3 상단의 [전체보기]를 터치한 다음 [즐겨찾기]를 선택하면 즐겨찾기에 등록된 이미지가 나타납니다. 사용할 이미지를 선택한 뒤 [전송]을 누르면 채팅창에 이모티콘이 표시됩니다.

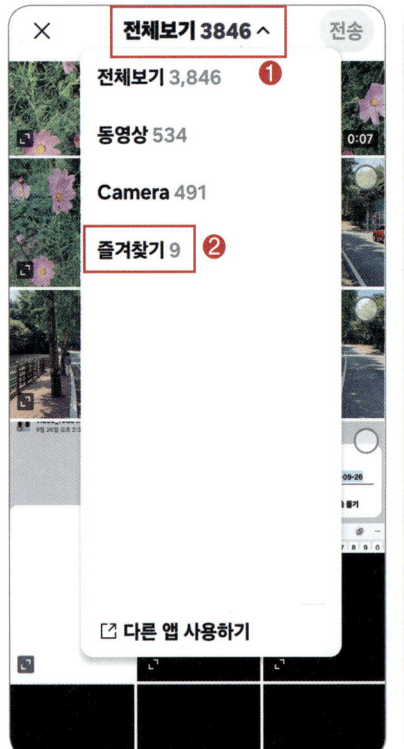

Section
06

Suno AI로
나만의 음악 만들기

ooo>>>

Suno AI는 노래를 만들어주는 인공지능 서비스입니다. 가사를 입력하면 AI가 멜로디와 목소리를 붙여 완성된 음악을 들려주고, 가사를 직접 쓰지 않아도 키워드만 입력하면 그 주제와 분위기에 맞는 노래를 자동으로 만들어 줍니다. 작곡 경험이 없어도 가족 축하 노래나 개인 취미 활동에 손쉽게 활용할 수 있습니다. 이 장에서는 Suno AI를 활용해 직접 음악을 만들어 보는 방법을 소개하겠습니다.

 **학습내용**

✓ Suno AI 앱의 설치 및 기본 사용법을 알아봅니다.
✓ Simple 모드와 Custom 모드를 활용해 음악을 만드는 방법을 익힙니다.
✓ 완성된 음악을 저장하고 활용하는 방법을 알아봅니다.

01 Suno AI 설치하기

1 [Play 스토어]( )를 열어 하단의 [검색]을 터치한 뒤 '수노'를 입력합니다. 검색 결과에서 [Suno(수노)] 앱을 찾아 [설치]를 터치하고, 설치가 완료되면 [열기]를 눌러 앱을 실행합니다.

❷ 첫 사용자의 경우 가입을 위해 [무료 계정을 만드세요]를 터치합니다. 이후 [Suno에 로그인] 화면에서 [Google]을 선택하고, 가입에 사용할 계정을 선택한 후 [계속]을 터치합니다.

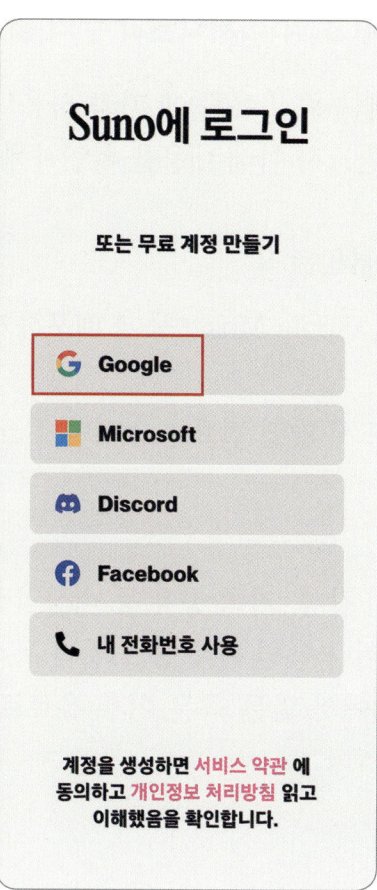
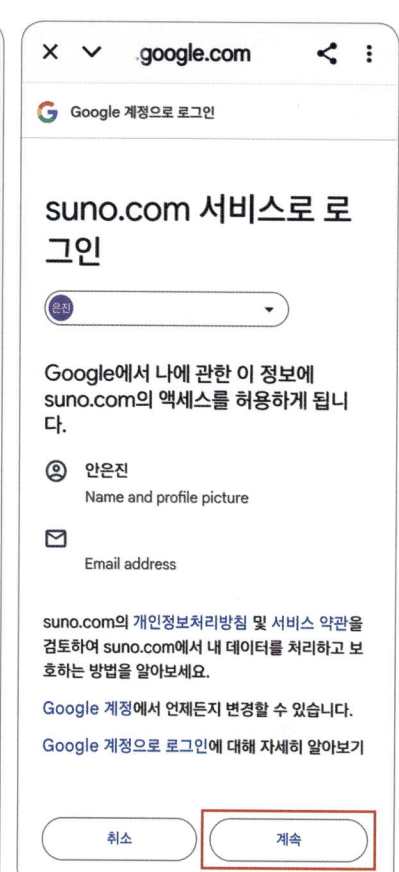

❸ '성함을 알려주세요' 화면이 나타나면 [건너뛰기]를 연속으로 누르고, '알림 허용' 화면이 나오면 [나중에]를 선택합니다. 마지막으로 '새로운 모델' 화면이 뜨면 닫기 버튼을 눌러 가입을 완료합니다.

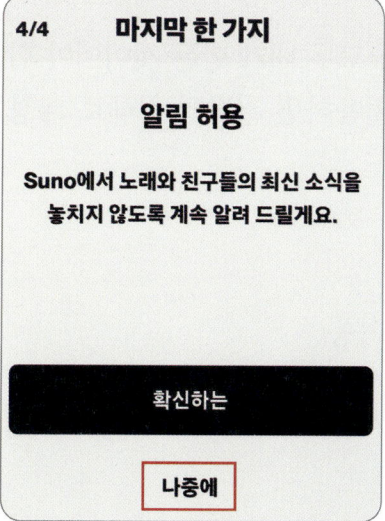

Suno AI 음악의 저작권과 수익 활용 가이드

Suno AI로 만든 음악은 요금제(무료 / 유료)에 따라 사용 조건과 활용 범위가 달라집니다. 수익 활동을 계획하고 있다면 반드시 아래 내용을 확인하세요.

◆ 유료 플랜(Pro / Premier)에서 만든 곡

- 상업적 사용 가능: Spotify, Apple Music 등에 배포하거나 유튜브·틱톡 영상에 활용할 수 있습니다.
- 출처 표시는 선택 사항: 반드시 밝힐 필요는 없지만, Suno를 언급하면 도움이 됩니다.

◆ 무료 플랜에서 만든 곡

- 비상업적 용도만 허용: 개인 감상, 가족 공유 등 비상업적 사용만 가능합니다.
- 수익 창출 불가: 광고 수익이나 음원 판매 등 상업적 목적에는 사용할 수 없습니다.
- 소급 적용 불가: 무료 플랜에서 만든 곡은 이후 유료로 전환하더라도 상업 라이선스가 부여되지 않습니다.

◆ 무료 플랜 이용 조건

- 매일 50크레딧이 제공되며, 음악을 한 번 생성할 때 약 10크레딧이 소모됩니다.
- 한 번 생성 시 2곡이 만들어집니다.
   (※ 크레딧 정책은 변경될 수 있으니, 실제 사용 전 최신 정보를 반드시 확인하세요.)

◆ 전문가 팁

수익을 내려면 가사와 멜로디 모두 내가 만든 것이어야 합니다.
다른 사람의 글이나 음악을 활용하면 저작권 침해로 계정 정지, 음원 삭제 등의 문제가 발생할 수 있습니다.

◆ 정리

- 유료 플랜 → 상업적 활용 가능
- 무료 플랜 → 개인 감상용만 가능

심플 모드로 주제만 넣어 음악 만들기

1 주제를 입력해 음악을 만들기 위해 화면 하단 중앙의 있는 음표 모양의 [Create] ( ) 버튼을 터치합니다. 그런 다음 화면 상단에서 [Simple]을 선택합니다.

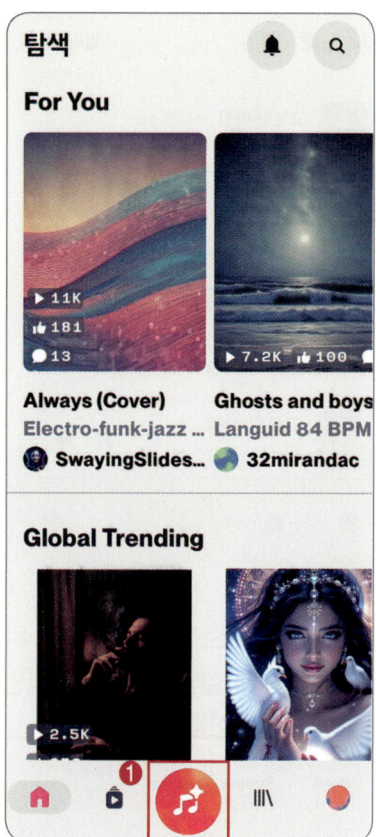

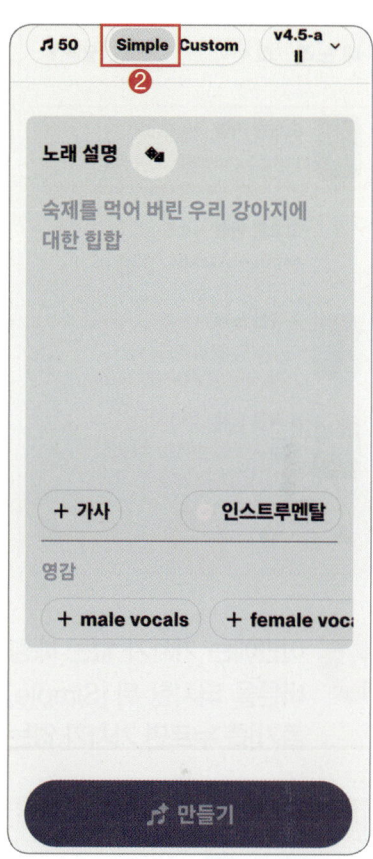

2 [노래 설명]란에 만들고 싶은 음악의 주제나 분위기를 입력합니다. [영감]에서 원하는 항목이 있다면 터치하여 추가한 후, [만들기]를 눌러 음악을 생성합니다.

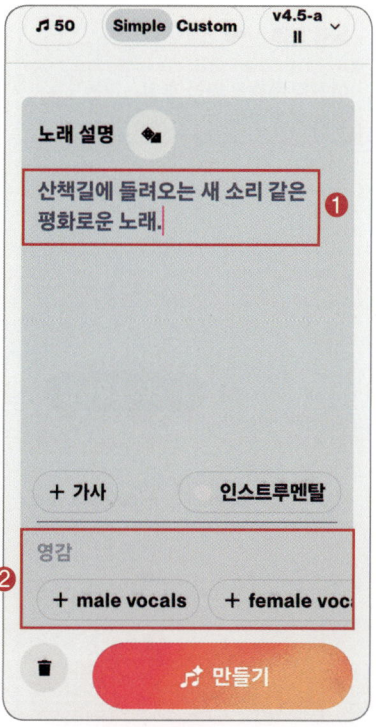

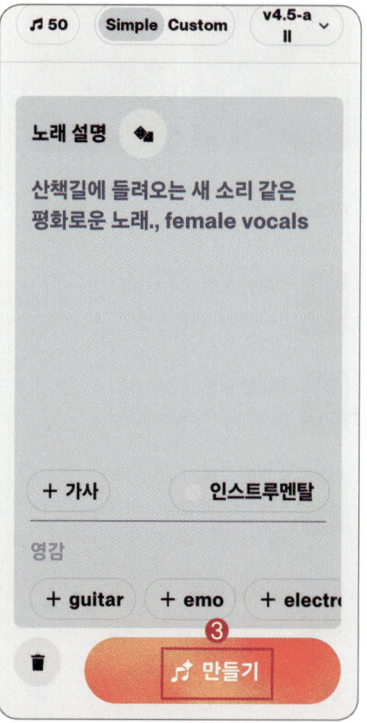

 **TIP**

수노에서는 같은 가사로 멜로디가 서로 다른 음악 2곡이 생성되며, 추가로 1분 미리보기용 음악 2곡이 함께 만들어집니다. 1분 미리보기곡의 전체 버전을 듣거나 다운로드하려면 유료 플랜으로 업그레이드해야 합니다.

❸ 노래가 완성되면 노래 제목을 터치하여 생성된 음악을 재생할 수 있습니다. 또한 화면 하단에서 노래 제목을 터치하면 만들어진 가사를 확인할 수 있습니다.

❹ 이번에는 가사가 없는 배경 음악을 만들어 보겠습니다. 화면 하단 중앙의 음표 모양 [Create](🎵) 버튼을 터치한 뒤 [Simple] 모드에서 노래 설명을 입력하고 [인스트루멘탈]을 선택합니다. 이후 [만들기]를 누르면 가사가 없는 배경 음악이 생성됩니다.

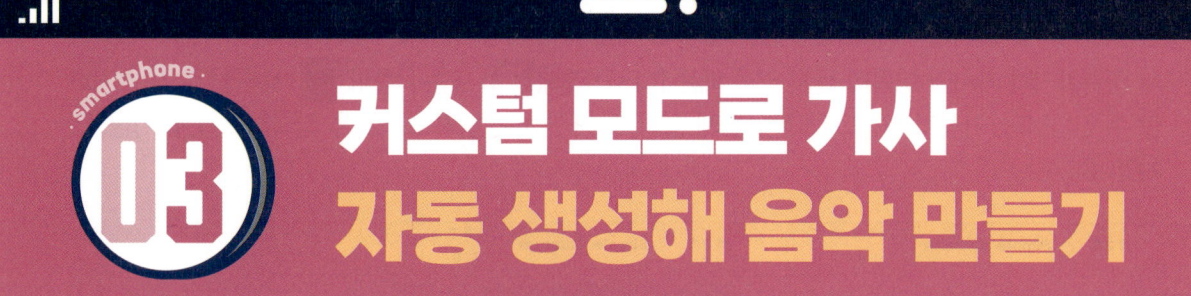

커스텀 모드로 가사 자동 생성해 음악 만들기

1 가사를 자동으로 생성하기 위해 화면 하단 중앙의 음표 모양 [Create]( ) 버튼을 터치합니다. 그런 다음 화면 상단에서 [Custom]을 선택합니다. 만들고 싶은 가사의 주제를 입력한 뒤, 오른쪽 상단의 마술봉 모양 [자동 생성]( ) 버튼을 터치합니다.

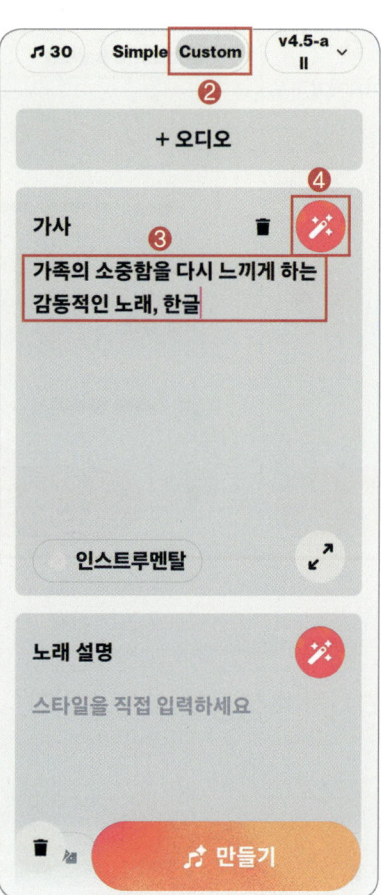

❷ 생성된 가사를 읽어본 뒤 수정할 부분이 있다면 해당 부분을 터치하여 내용을 편집합니다. 주제를 다시 입력하거나 가사가 마음에 들지 않을 때는 [다시 실행](↺) 또는 [삭제](🗑) 버튼을 눌러 초기화할 수 있습니다. 가사가 완성되었다면 [노래 설명] 칸에 원하는 음악 스타일을 입력하고 [만들기]를 터치합니다.

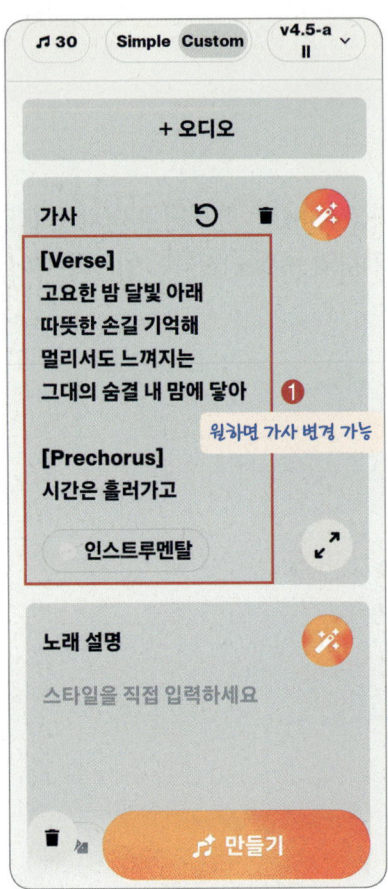
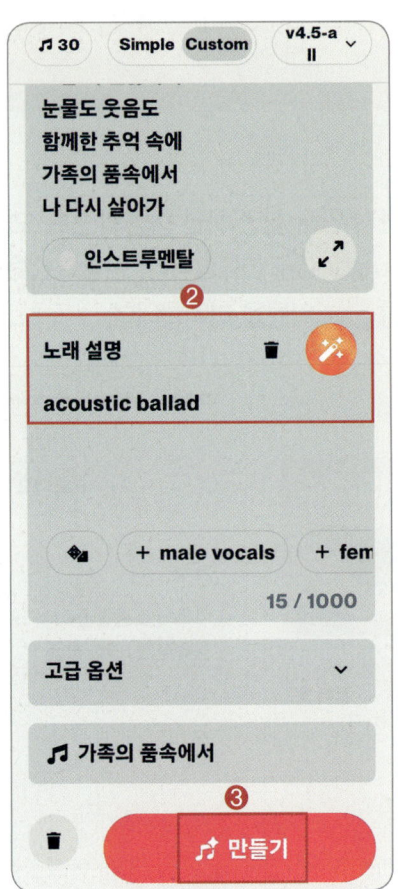

 **TIP**

노래 설명도 🪄 버튼을 터치하여 생성할 수 있습니다.

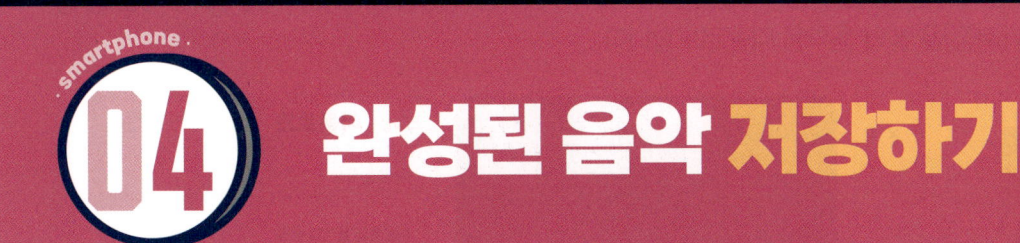

04 완성된 음악 저장하기

1 생성된 음악을 저장하려면 화면 하단의 책꽂이 모양 [라이브러리](Ⅲ\) 버튼을 터치합니다. 저장하고 싶은 음악 제목 오른쪽의 점 세 개 버튼을 터치합니다.

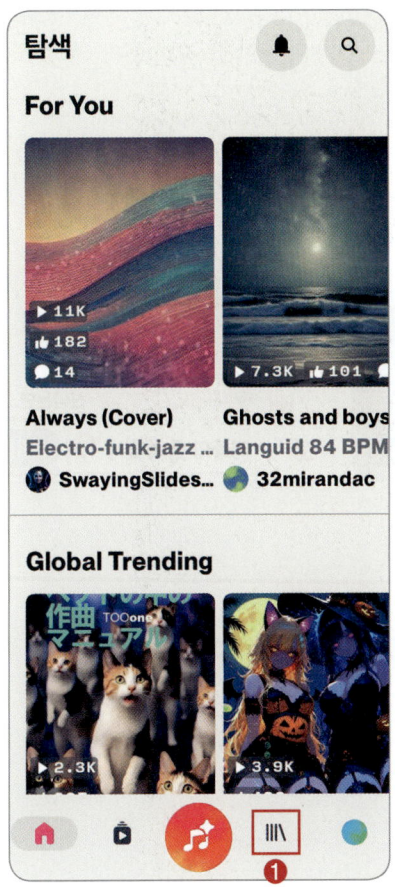
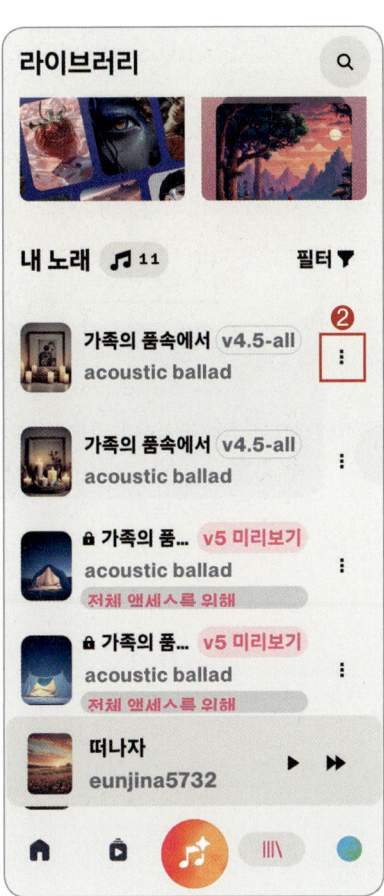

2 [다운로드]를 선택하면 "상업적 권리가 필요하신가요?"라는 창이 나타납니다. 이때 [어쨌든 다운로드]를 터치한 뒤 [저장]을 눌러 음악을 다운로드합니다.

 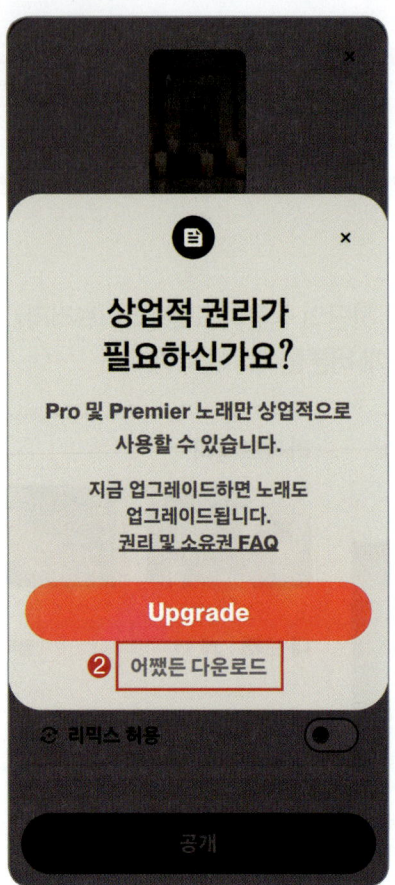 

여기서 잠깐!

수노(Suno)에서 음악 스타일 설정하기

수노(Suno)에서 음악을 만들 때는 음악 스타일을 영어로 입력하는 것이 좋습니다. 특히 단순히 장르만 입력하는 것보다, 장르와 분위기를 함께 작성하면 AI가 곡의 성격과 감정을 더욱 정확하게 이해하여 원하는 분위기의 음악을 만들어낼 수 있습니다.

◆ 대표적인 음악 장르(Genre) 예시

- Pop (대중적이고 다양한 스타일의 음악)
- Ballad (감성적이고 서정적인 느린 템포의 노래)
- Jazz (즉흥 연주와 스윙 리듬이 특징인 음악)
- Rock (강한 비트와 전자기타 사운드가 중심인 음악)
- R&B (리듬과 블루스를 기반으로 한 부드럽고 감성적인 음악)
- Soul (감정 표현이 풍부하고 힘 있는 보컬이 특징인 음악)
- Folk (어쿠스틱 악기 중심의 전통적이고 따뜻한 음악)
- Country (기타와 스토리텔링이 강조된 미국 남부 스타일 음악)
- Blues (감정적인 멜로디와 슬픈 정서를 담은 음악)
- Classical (오케스트라나 전통 악기로 연주되는 클래식 음악)
- Hip-hop (리듬감 있는 랩과 비트 중심의 음악)
- EDM (전자음악 기반의 신나는 댄스 음악)
- Reggae (독특한 리듬과 긍정적인 분위기의 자메이카 음악)
- Funk (강렬한 리듬과 그루브가 강조된 흥겨운 음악)
- Gospel (종교적 메시지와 힘 있는 합창이 중심인 음악)
- Latin (라틴 아메리카 특유의 리듬과 열정적인 분위기의 음악)
- Acoustic (전자 악기보다 어쿠스틱 악기를 중심으로 한 자연스러운 음악)
- Orchestral (다양한 악기가 어우러진 웅장하고 영화 같은 음악)
- Lo-fi (아날로그 감성과 편안한 분위기의 저음질 스타일 음악)
- Ambient (공간감과 분위기에 집중한 잔잔하고 몽환적인 음악)
- Trot (한국 대중가요 특유의 리듬과 감정을 담은 전통적인 트로트 음악)

◆ 대표적인 분위기(Mood) 예시

- Bright (밝은)
- Calm (잔잔한)
- Romantic (로맨틱한)
- Melancholic (쓸쓸한)
- Heartwarming (따뜻한)
- Powerful (강렬한)
- Dreamy (몽환적인)
- Emotional (감성적인)
- Inspirational (영감을 주는)
- Nostalgic (추억을 불러일으키는)
- Gentle (부드러운)
- Uplifting (희망적인)
- Peaceful (평화로운)
- Energetic (에너지가 넘치는)

1. 노래가 멈추지 않을 때 앱 종료하기

음악을 듣다 보면 [Suno] 앱을 종료했는데도 계속 재생되는 경우가 있습니다. 이때는 스마트폰 상단의 상태 표시줄을 아래로 쓸어내린 뒤 [일시 정지] 버튼을 눌러 음악을 멈춘 다음, 알림을 왼쪽으로 밀어 제거합니다.

2. 다운로드한 음악 위치 확인하기

다운로드한 음악은 [내 파일] 앱을 열고 '카테고리' 중 [다운로드]를 선택하면 확인할 수 있습니다. 재생하려는 음악 파일(mp3)을 터치하면 실행할 앱 목록이 나타나며, 앱을 선택하여 들을 수 있습니다.

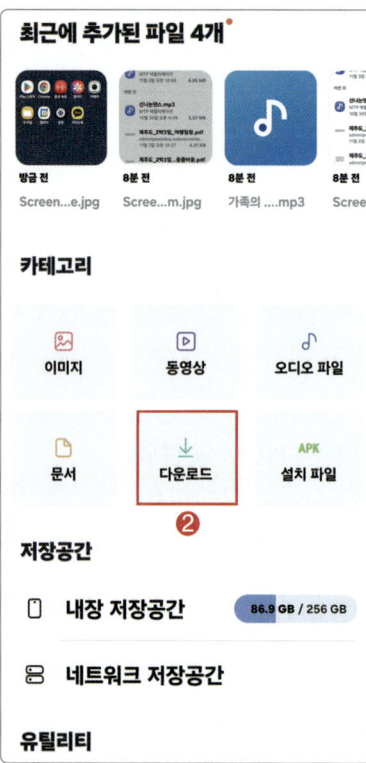
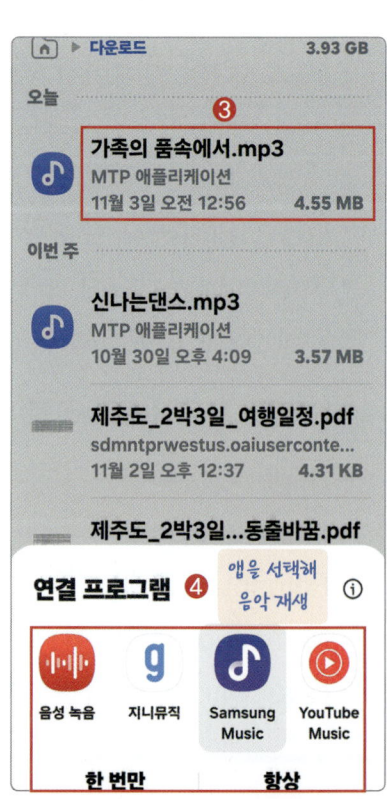

Section 07

Hedra AI로 립싱크 영상 만들기

Hedra AI는 영상 속 인물의 입모양을 대사와 맞춰주는 립싱크 AI입니다. 사진이나 영상을 업로드하고 대사를 입력하면 인물의 입술 움직임과 표정이 자연스럽게 바뀌어, 발표 영상이나 축하 메시지를 만드는 데 유용합니다. 이 장에서는 Hedra AI를 이용해 간단한 립싱크 영상을 만드는 방법을 소개하겠습니다.

 학습내용

- Hedra AI의 가입 및 기본 사용 방법을 알아봅니다.
- 이미지와 오디오를 결합해 립싱크 영상을 만드는 과정을 알아봅니다.
- 완성된 영상을 저장하고 활용하는 방법을 익힙니다.

01 Hedra AI 가입하기

1 스마트폰에서 [Chrome]( ) 앱을 찾아 실행한 뒤, 검색창에 'hedra'라고 입력하고 검색 결과에서 해당 사이트를 터치합니다. hedra 메인 화면이 나타나면 [Try now]를 눌러 접속합니다.

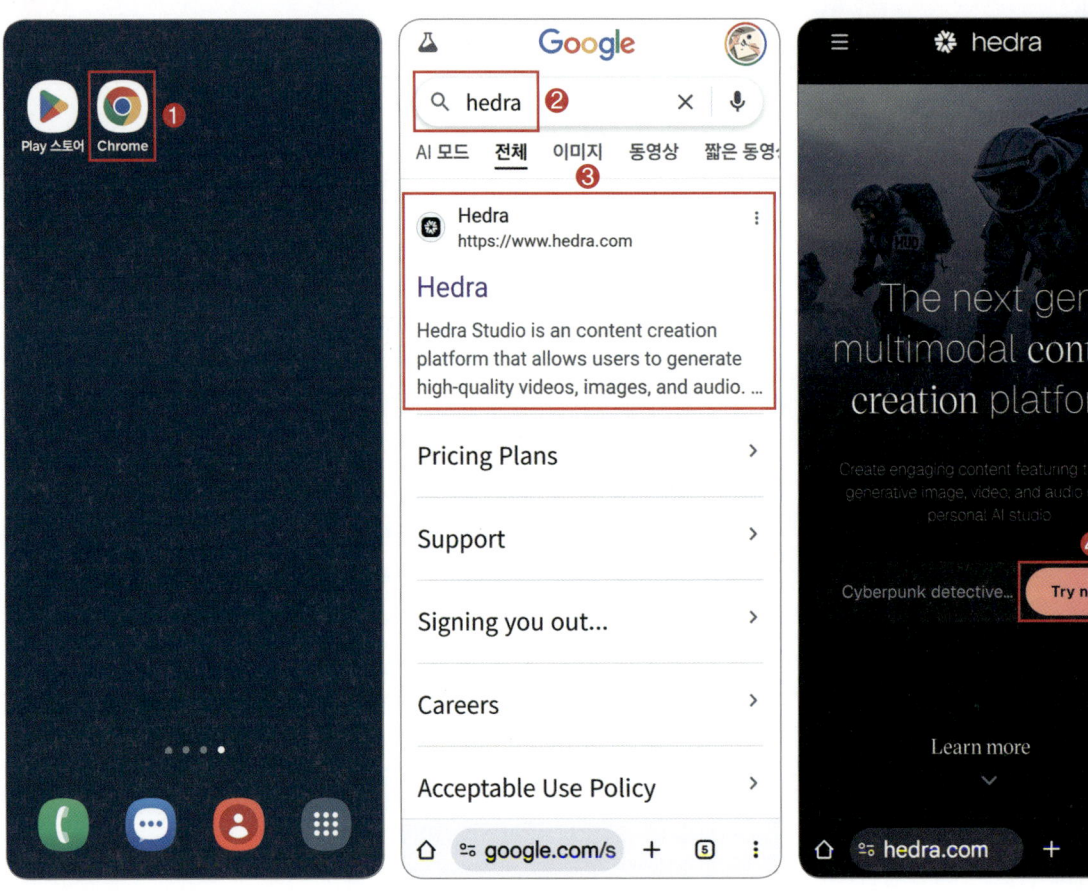

 **TIP**

[Play 스토어]에서 찾을 수 없는 앱은 [Chome]과 같은 인터넷 브라우저를 통해 검색하고 접속하여 사용할 수 있습니다.

2 가입 화면이 뜨면 [Google로 계속하기]를 눌러 로그인할 계정을 선택한 뒤 [계속]을 누릅니다. 'Create your Hedra account' 화면이 나타나면 필수 항목만 체크한 후, [Create an account]를 눌러 가입을 완료합니다.

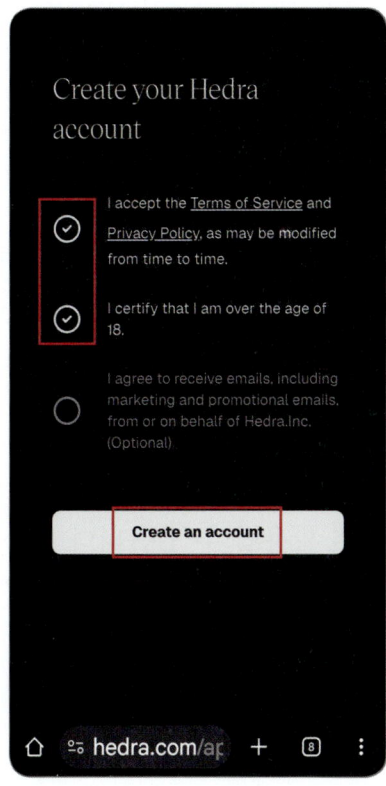

Hedra 플랜과 상업적 이용 안내

Hedra에서 생성한 영상을 유튜브 영상, 강의 자료, 광고 콘텐츠, 상품 제작 등 수익을 목적으로 활용(상업적 사용)하려면 반드시 유료 플랜을 이용해야 합니다.

- 무료 플랜

  매달 300크레딧이 제공되며, 이를 사용해 립싱크 영상을 제작할 수 있습니다. 단, 생성된 영상에는 워터마크(서비스 로고)가 포함되고 상업적 사용은 허용되지 않습니다.

  따라서 연습용, 개인 감상용, 비상업적 콘텐츠 제작에 적합합니다.

- 유료 플랜

  워터마크 없이 영상을 제작할 수 있으며, 영상 콘텐츠·강의·마케팅 자료 등 상업적 용도로 활용할 수 있습니다.

  또한 더 다양한 기능과 고급 옵션을 이용할 수 있습니다.

◆ 주의 사항

- Hedra의 요금제, 제공 기능, 크레딧 정책 및 이용 조건은 서비스 정책에 따라 변경될 수 있습니다.
- 상업적 활용을 계획 중이라면, 사용 전 반드시 공식 웹사이트에서 최신 플랜과 이용 조건을 확인해야 합니다.

02 내 얼굴과 목소리로 말하는 영상 만들기

① 내 얼굴을 활용해 립싱크 영상을 만들기 위해, Hedra 첫 화면 상단의 [Home]을 터치한 뒤 [Video]를 선택합니다. 이어서 [Add Character]를 누른 다음, [Upload]를 터치해 영상에 사용할 이미지를 선택합니다.

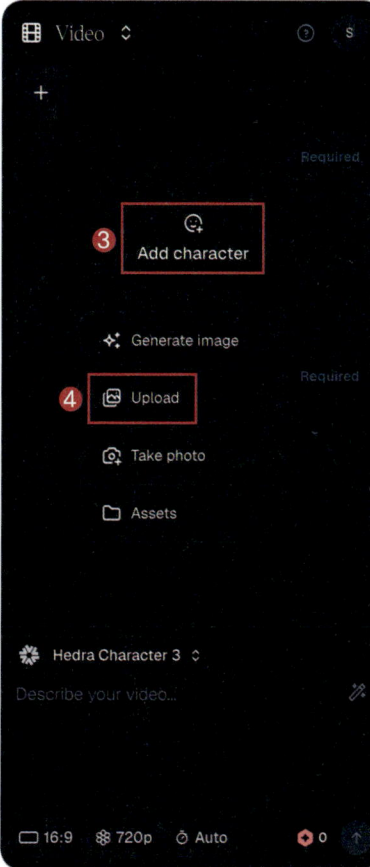

2 다음으로 내 목소리를 추가하기 위해 [Add speech]를 선택한 뒤 [Record]를 터치합니다. 녹음하기 위해 [Record]를 다시 터치합니다. 처음 녹음하는 경우 'Biometric Data Consent' 화면이 나타나면 [I consent]를 터치해 동의합니다.

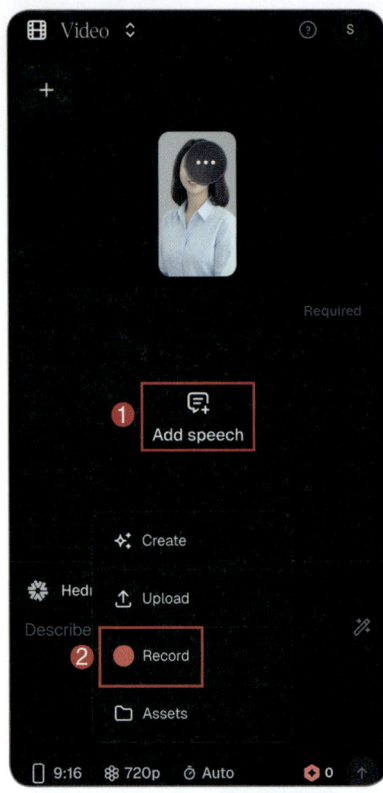

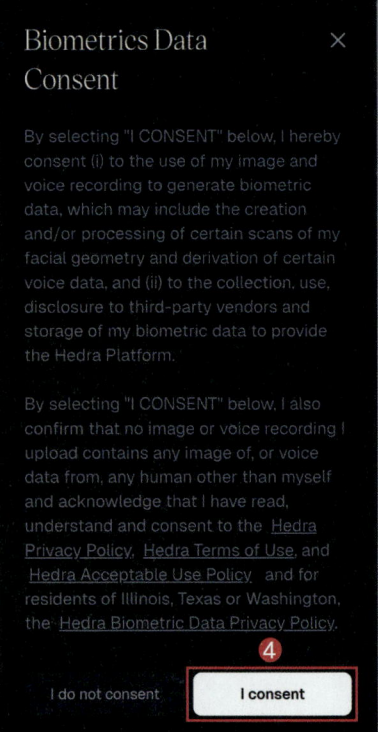

3 립싱크할 내용을 녹음한 후 [Stop] 버튼을 터치합니다. 음성 녹음은 최대 20초까지만 저장됩니다. 녹음이 완료되면 소리 파일이 업로드됩니다. 다음으로 [Describe your video]란에 립싱크할 캐릭터의 감정이나 행동을 간단히 입력합니다. 해당 항목은 생략할 수 있으며, 한글로 입력해도 됩니다. 입력이 끝나면 ↑ 버튼을 눌러 립싱크 영상을 생성합니다.

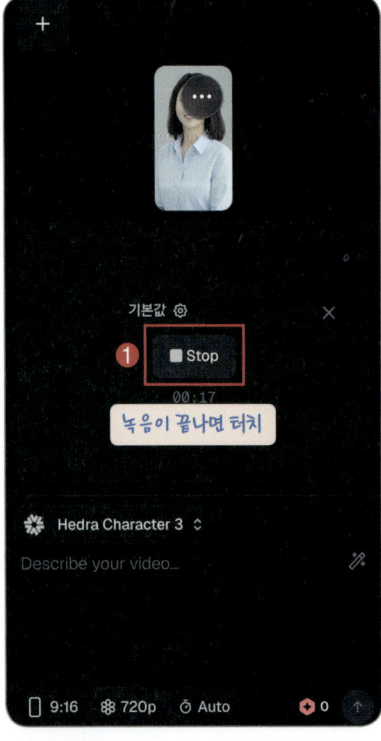
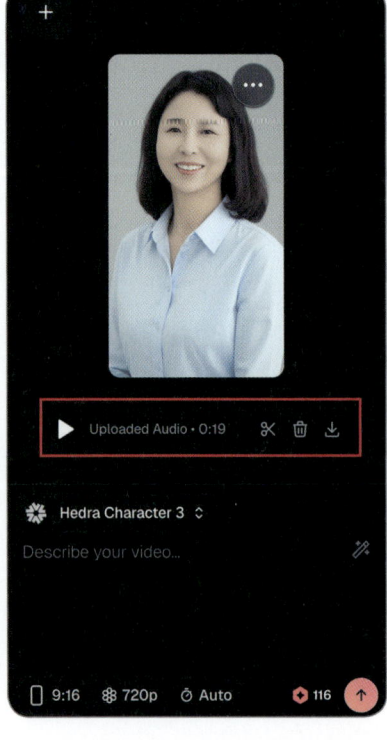
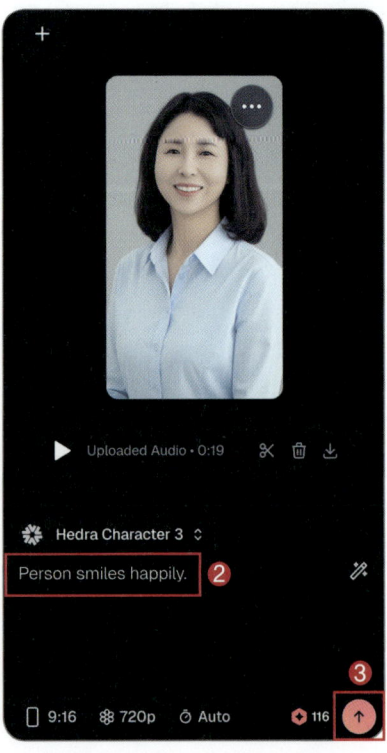

완성된 영상 저장하기

1 영상 생성이 완료되면 재생 버튼을 눌러 결과를 확인합니다. 결과가 마음에 들면 ⬇ 버튼을 터치합니다. 'Upgrade to enjoy clean, watermark-free downloads' 화면이 나타나면 [Download]를 누릅니다. 상단에 [다운로드 1개 완료] 알림창이 표시되면 [열기]를 눌러 저장된 영상을 확인할 수 있습니다.

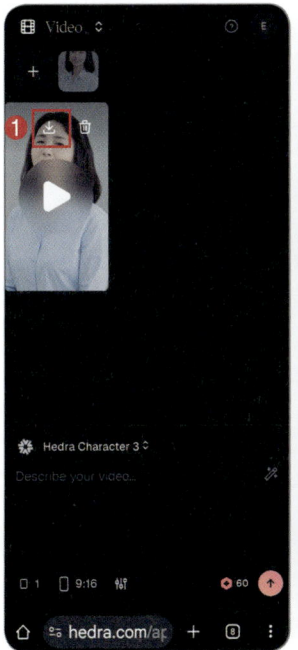 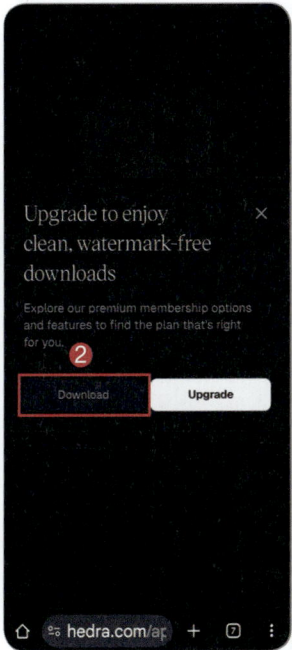 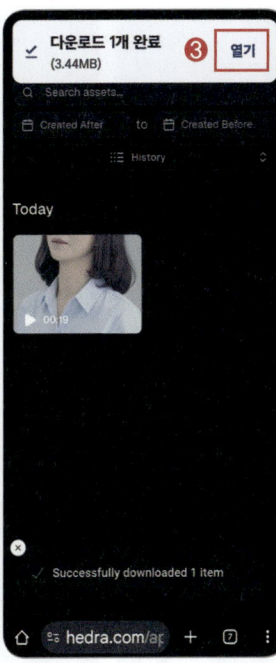 

 TIP

무료 플랜에서는 워터마크(로고)가 포함된 영상만 저장됩니다.
워터마크 없는 영상을 원할 경우 [Upgrade]를 눌러 유료 플랜으로 전환해야 합니다.

04 저장된 오디오와 이미지로 립싱크 영상 만들기

1 이미지를 생성하여 립싱크 영상을 만들어보겠습니다. Hedra 첫 화면에서 상단의 [Home]을 터치한 다음 [Video]를 선택합니다. 그다음 [Add Character]를 터치하고, 이어서 [Generate Image]를 누릅니다.

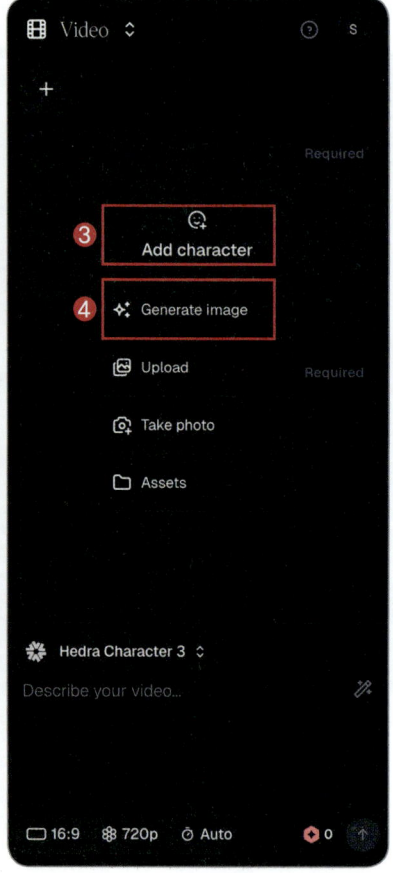

❷ 이미지 생성 모델을 선택한 뒤, 립싱크할 이미지의 프롬프트를 입력합니다.
그다음 화면 비율을 설정한 후 ↑를 터치해 립싱크 영상에 사용할 이미지를 생성합니다.
- **프롬프트 예시:** 귀여운 3D 여자 가수, 반짝이는 큰 눈, 짧은 파스텔 웨이브 머리, 부드럽고 유광 피부, 상냥한 미소, 세련된 마이크 들고 있는 모습, 무대 조명 아래 포즈, 전신, 픽사 스타일

 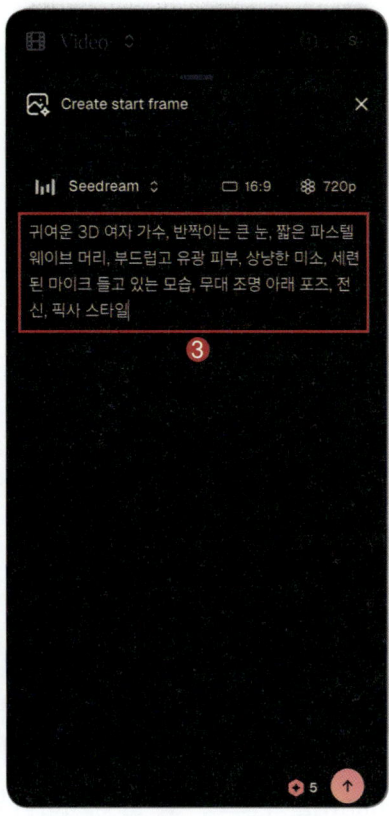 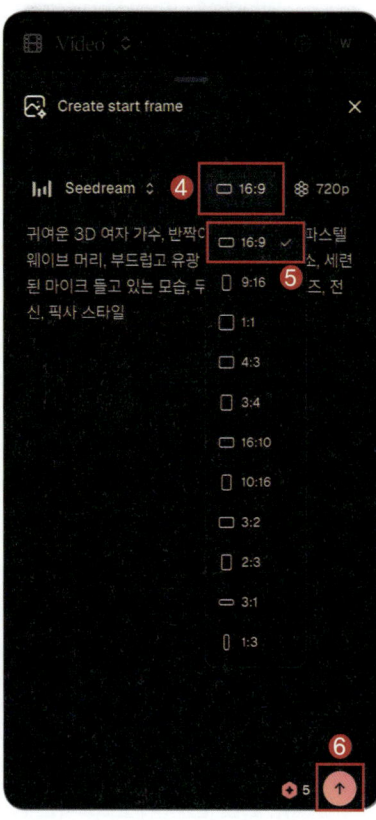

❸ 스마트폰에 저장된 오디오 파일을 불러오려면 [Add speech]를 선택한 뒤 [Upload]를 터치합니다. 이후 화면 하단에 [작업 선택] 창이 나타나면 [사진 및 동영상]을 선택하고, 이어서 [내 파일]을 터치합니다.

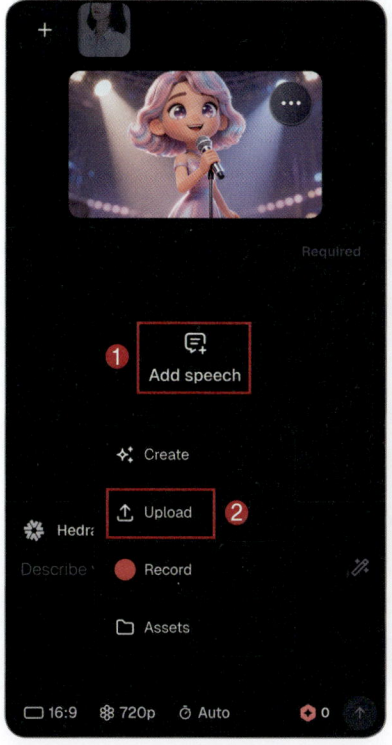 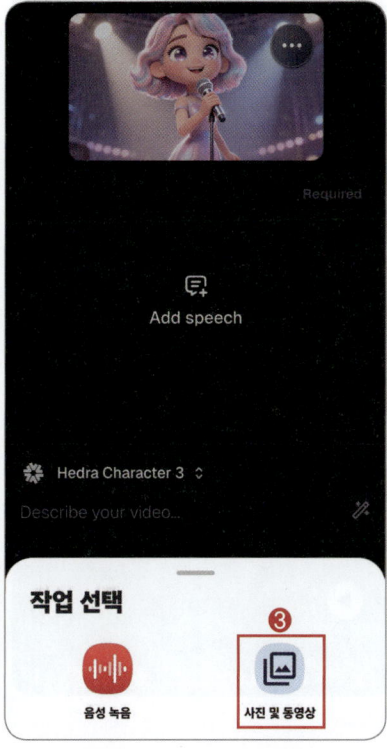 

4 [오디오 파일 선택] 화면이 나타나면 [내장 저장공간]을 터치한 다음 [Download] 폴더를 선택합니다. 그런 다음 립싱크할 오디오 파일을 선택하고 [완료]를 누릅니다.

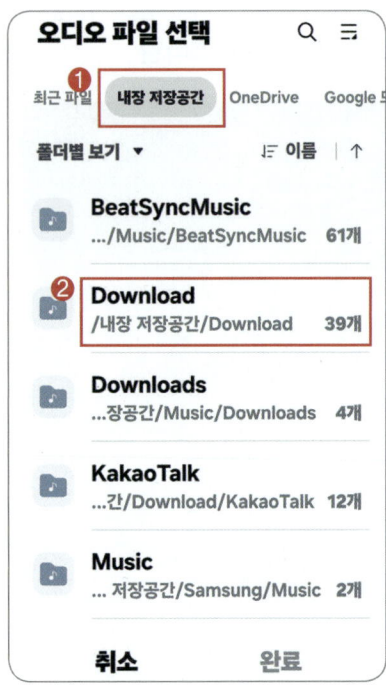
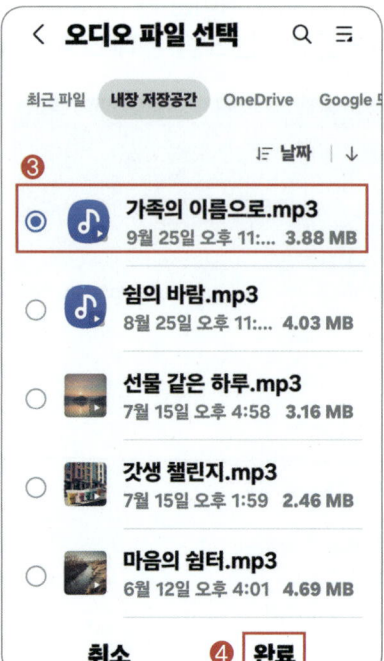

> **TIP**
> 생성한 영상은 Hedra 첫 화면 상단의 [Home]을 터치한 후, [Library] 메뉴에서 확인할 수 있습니다.

5 오디오 파일이 불러와지면 가위 모양의 [편집] 버튼을 터치합니다. 립싱크할 재생 구간을 드래그하여 지정합니다. 이때, 선택한 구간의 길이에 따라 소모되는 크레딧이 달라지므로 영상 제작 전 확인합니다. 구간 선택이 완료되면 [Confirm]을 누르고, ↑를 터치하여 영상을 생성합니다.

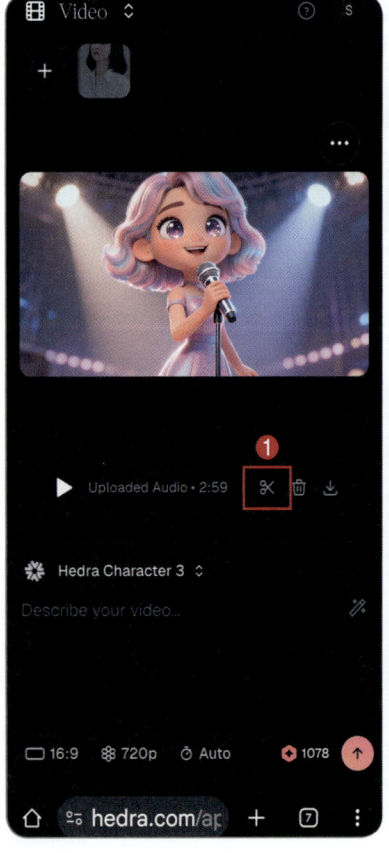
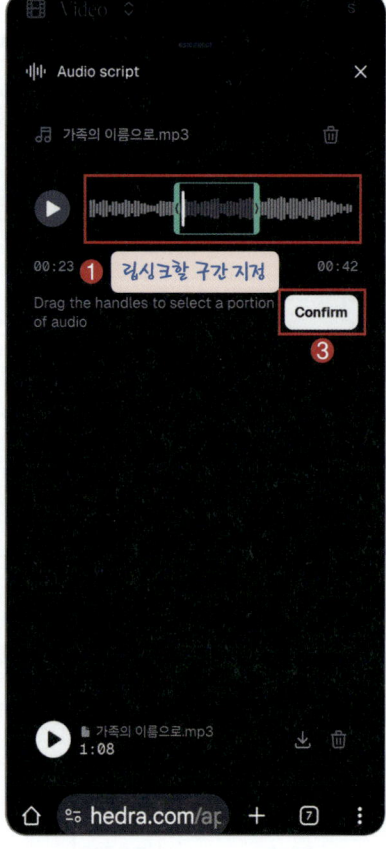
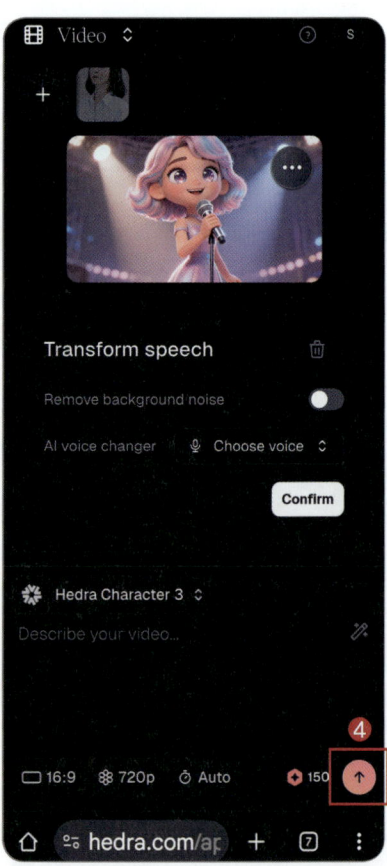

Section 08

vStory로 쉽게 숏폼 영상 만들기

ooo>>>

vStory는 별도의 가입이나 편집 기술 없이 사진과 영상만 업로드하면 AI가 자동으로 숏폼 영상을 만들어 주는 서비스입니다. 원하는 분위기나 스타일을 간단히 입력하고 자료를 올리기만 하면, 감성 브이로그부터 일상 기록 영상까지 손쉽게 완성할 수 있습니다. 이 장에서는 vStory를 활용해 누구나 쉽게 영상을 제작하는 방법을 소개합니다.

학습내용

- vStory를 이용해 사진과 영상으로 숏폼 영상을 만드는 방법을 알아봅니다.
- 장면 구성과 클립 길이를 조정하는 방법을 익힙니다.
- 갤러리 기능을 활용해 영상 제목과 표지를 넣는 방법을 이해합니다.

① 스마트폰에서 [Chrome] 앱을 찾아 실행한 뒤, 검색창에 'vstory'를 입력하고 검색 결과에서 해당 사이트를 터치하면 메인화면이 나타납니다.

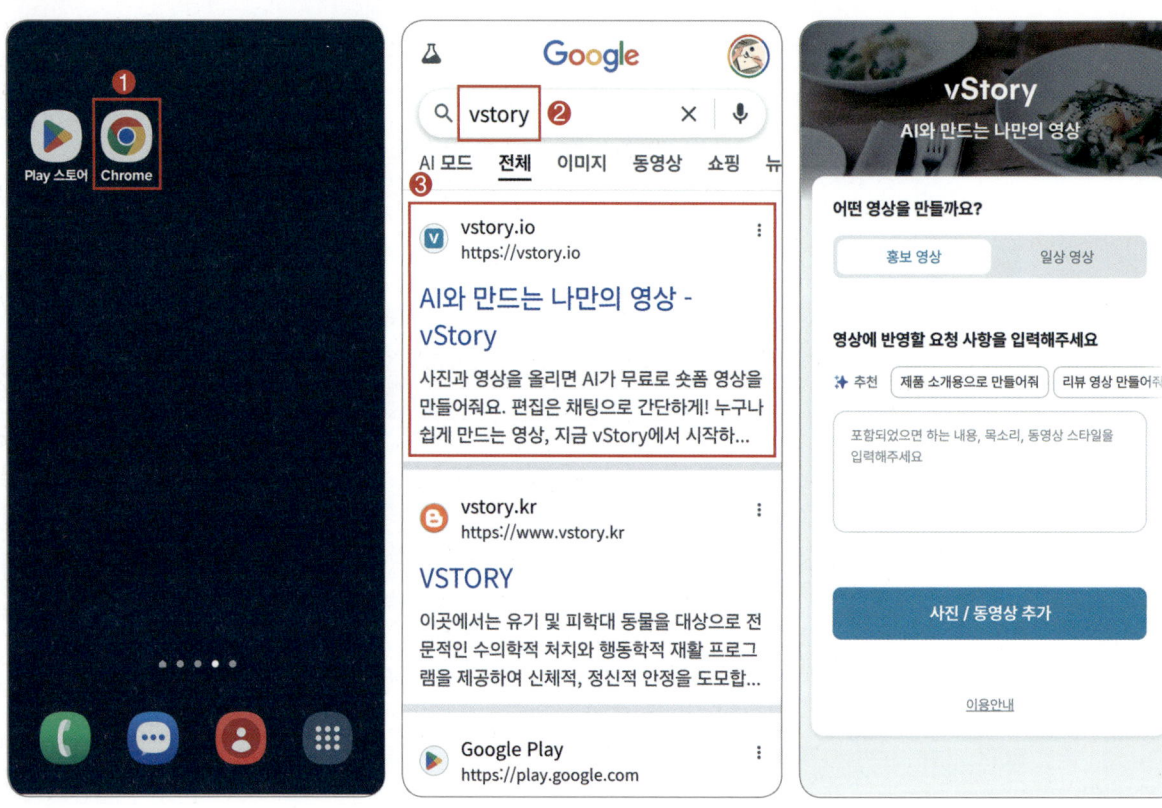

참고

vStory로 제작한 영상은 개인용뿐만 아니라 상업적 목적으로도 활용할 수 있습니다. 예를 들어, 홍보용 쇼츠·브랜디드 콘텐츠·행사 소개 영상처럼 비즈니스나 마케팅 콘텐츠 제작에도 자유롭게 사용할 수 있습니다. 단, 서비스 정책과 이용약관은 수시로 변경될 수 있으므로, 실제 배포 전에 반드시 최신 약관을 확인하는 것이 안전합니다.

영상 만들고 저장하기

1 [어떤 영상을 만들까요?] 화면에서 [홍보 영상]과 [일상 영상] 중 원하는 항목을 선택합니다. 다음으로 영상에 반영할 요청 사항을 입력합니다. 추천 문구를 선택해도 되고, 직접 필요한 내용을 입력해도 됩니다. 그런 다음 [사진/동영상 추가]를 터치합니다.

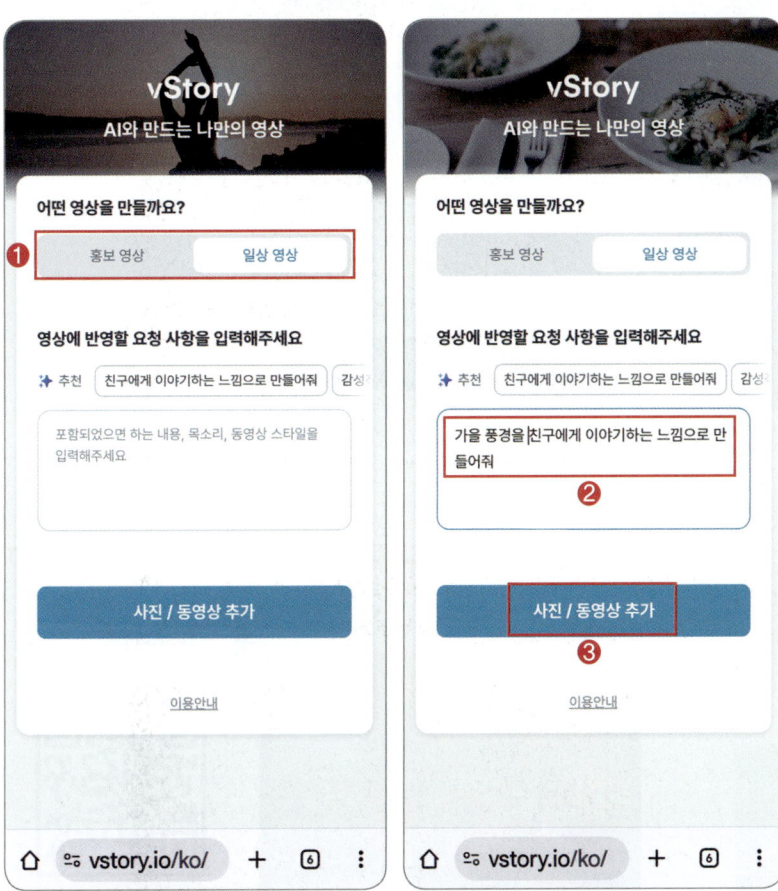

- 예: "가을 풍경을 친구에게 이야기하는 느낌으로 만들어줘"

❷ 숏폼 제작에 사용할 사진과 영상을 선택한 후 [완료]를 터치합니다. 필요한 경우 [사진/동영상 추가]를 다시 눌러 이미지를 더 넣을 수 있고, 불필요한 사진이나 영상은 삭제 버튼으로 제거할 수 있습니다. 선택을 마쳤다면 [생성하기]를 터치합니다.

❸ 선택한 자료를 기반으로 영상이 자동 생성됩니다. 재생 버튼을 눌러 결과물을 확인하고, 수정이 필요하면 [AI 편집]을 터치합니다.

TIP

갤러리에 저장된 내 이미지나 영상을 활용해 직접 생성해 보는 것이 가장 좋습니다. 이미지가 없을 경우에는 QR코드를 스캔해 교재에 수록된 예시 이미지를 내려받아 실습을 진행하면 됩니다.

④ 프롬프트 입력란에 수정할 내용을 입력하고 ↑ 를 누릅니다. 추천 문구에서 원하는 옵션을 선택해도 됩니다. 요청한 내용을 반영해 영상이 새로 생성되며, 다시 재생하여 확인한 뒤 마음에 들면 [완료]를 터치합니다.

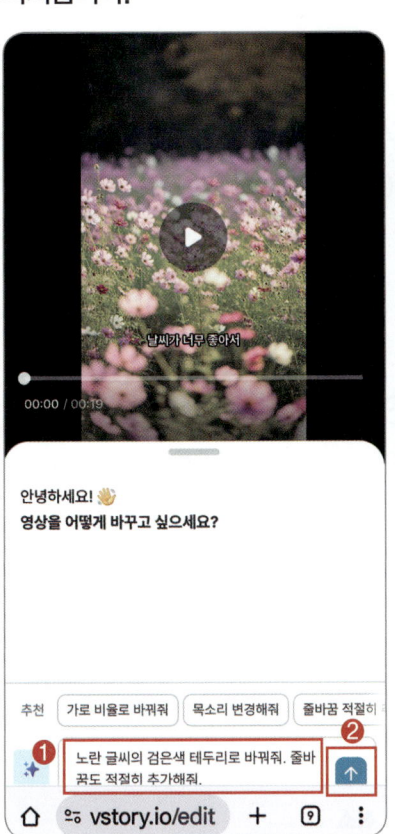
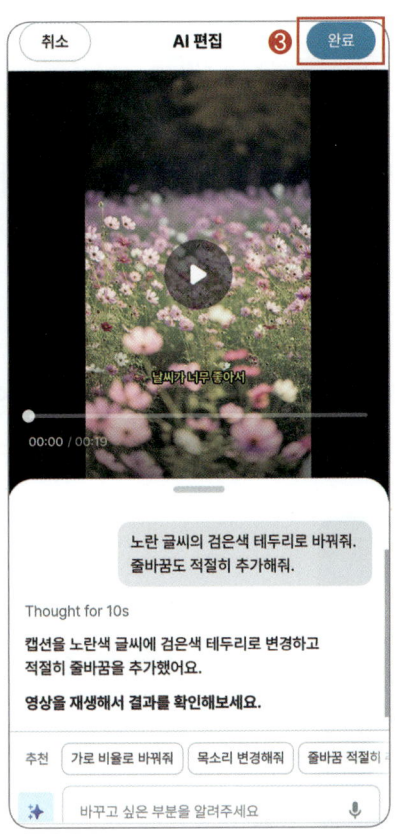

- 예: "노란 글씨에 검은색 테두리로 바꿔줘. 줄바꿈도 적절히 추가해줘"

⑤ 영상을 저장하려면 [다운로드] 버튼을 터치합니다. 저장이 완료되면 영상 파일이 기기에 내려 받아집니다.

참고
완성된 영상에는 마지막 부분에 vStory 로고가 자동으로 삽입됩니다.

◐ 갤러리 [만들기] 기능으로 영상 제목 넣기

스마트폰 갤러리에는 기본적으로 영상을 간단히 편집할 수 있는 기능이 있습니다. 이 기능을 이용하면 vStory에서 만든 영상의 앞부분에 제목을 삽입하여 더욱 완성도 있는 콘텐츠를 만들 수 있습니다.

 스마트폰에서 [갤러리]를 실행한 뒤, vStory에서 만든 영상을 길게 눌러 선택합니다. 화면 하단에서 [만들기]를 터치한 후 [영화]를 선택합니다.

영상의 앞부분에 이미지를 추가하려면 [+] 모양의 삽입 버튼을 터치하고 [이미지/동영상]을 선택합니다. 제목 화면으로 사용할 이미지를 고른 뒤 [완료]를 터치합니다.

③ 삽입된 이미지를 터치하여 선택한 다음, 테두리를 드래그하여 재생 길이를 조절합니다. 조정이 끝나면 왼쪽 하단의 [<] 버튼을 터치합니다.

 재생 헤드를 영상의 시작 부분으로 옮긴 다음, 화면 아래의 [T] 모양 텍스트 버튼을 터치합니다. 입력할 텍스트의 글꼴·색상 등을 지정한 후 제목을 입력하고 오른쪽 상단의 [적용]을 터치합니다.

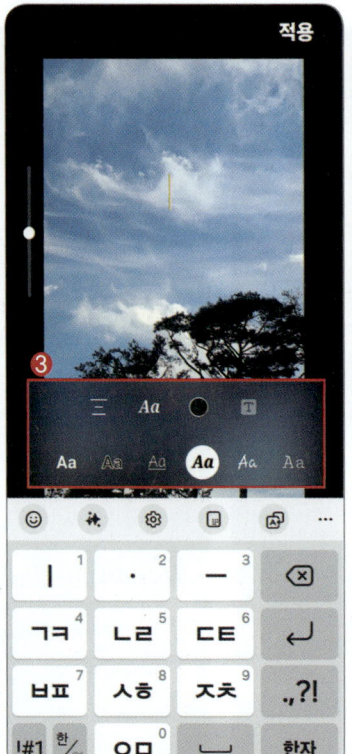

 제목 상자의 모서리에 있는 동그라미를 드래그해 제목의 크기를 조절한 후 원하는 위치로 이동합니다. 텍스트 재생 시간도 드래그로 조절한 다음 화면 하단 오른쪽의 [애니메이션](◎) 버튼을 터치합니다.

 마음에 드는 애니메이션 효과를 선택한 다음 [<] 버튼을 눌러 이전 화면으로 돌아옵니다. 편집이 끝났다면 오른쪽 상단의 [완료]를 터치하고 [영화 저장]을 눌러 영상을 저장합니다.

Section 09

제미나이(Gemini)로 생활 편의 기능 활용하기

○○○⟩⟩⟩

제미나이(Gemini)는 구글이 개발한 인공지능 도우미로, 단순한 AI를 넘어 일상의 모든 순간을 함께하는 스마트한 비서에 가깝습니다. 음성 명령 한마디로 전화를 걸고, 화면을 캡처하거나 중요한 정보를 저장하며, 복잡한 내용을 요약하거나 필요한 정보를 즉시 찾아주는 등 다양한 기능을 제공합니다. 이 장에서는 스마트폰에서 바로 활용할 수 있는 몇 가지 실용적인 기능을 통해, 제미나이가 우리의 일상을 얼마나 편리하게 바꿔주는지 알아보겠습니다.

 학습내용

✓ 제미나이 앱의 설치와 주요 기능을 알아봅니다.
✓ Live 화면 공유 기능을 활용하는 방법을 이해합니다.
✓ 구글 캘린더와 연동해 일정을 관리하는 방법을 익힙니다.

01 제미나이 앱 설치 및 기본 설정하기

1. 제미나이 설치하기

갤럭시 스마트폰의 경우 최신 기종에는 제미나이가 기본 탑재되어 있습니다. 설치되어 있지 않은 경우, 스마트폰에서 [Play 스토어]()를 열고 화면 하단의 [검색]을 터치한 다음 검색창에 '제미나이'를 입력해 앱을 설치합니다. 설치가 완료되면 [열기]를 터치하여 앱을 연 뒤 [더보기] → [Gemini 사용하기]를 눌러 앱을 사용할 준비를 마칩니다.

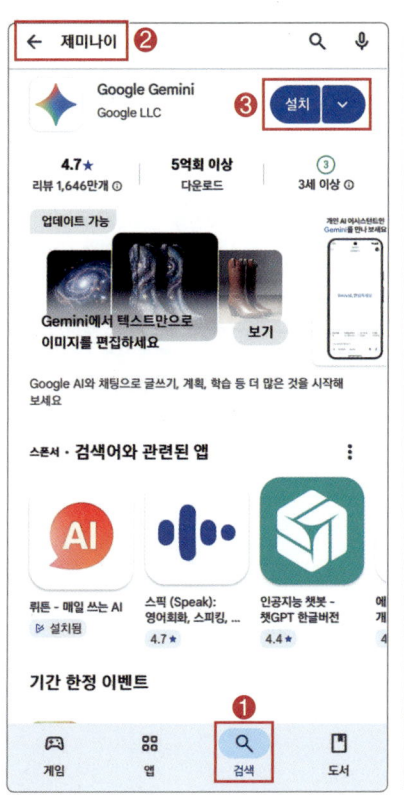

> **참고**
> 기종이나 설치 시점에 따라 제미나이 앱을 처음 열었을 때의 화면 구성은 다를 수 있습니다.

2. Google 어시스턴트를 Gemini로 전환하기

제미나이를 효과적으로 사용하려면 먼저 앱 우측 상단의 내 프로필 아이콘을 터치한 뒤 [Google 어시스턴트로 전환하기]를 선택합니다. 이후 'Google 디지털 어시스턴트'를 [Gemini]로 설정합니다.

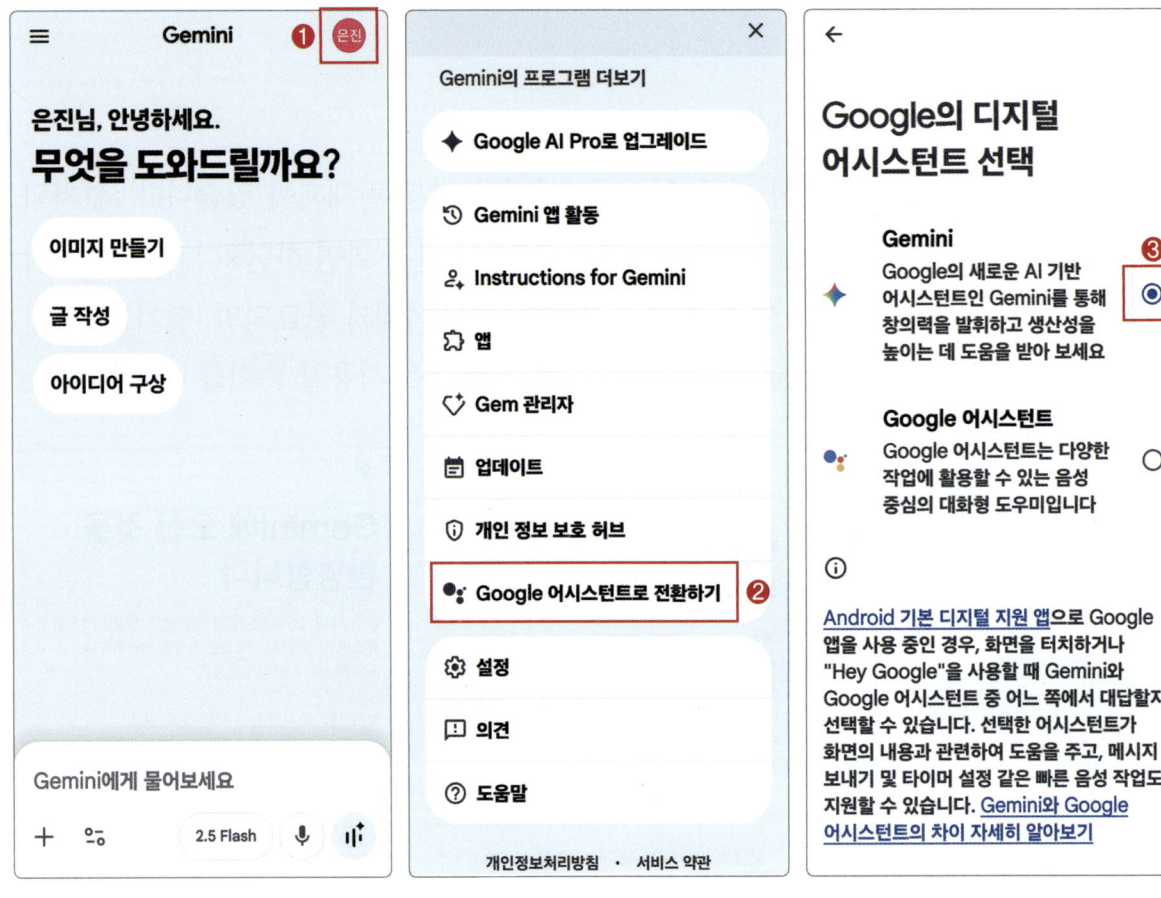

3. 앱 연결 설정하기

이번에는 [앱] 메뉴를 터치한 뒤 Gemini와 연동할 앱의 토글을 켜서 활성화하고, [연결]을 눌러 연동을 시작합니다.

 TIP

제미나이에서는 메시지, 전화, 삼성 리마인더, 삼성 캘린더 등 다양한 앱을 연동해 사용할 수 있습니다.
사용하려는 앱을 선택해 서비스 이용에 동의하면 연결이 완료되며, 이후 해당 앱을 통해 제미나이의 다양한 기능을 편리하게 이용할 수 있습니다.
필요한 기능만 켜서 사용하고, 필요하지 않은 기능은 꺼 두면 보다 효율적으로 관리할 수 있습니다.

4. 음성 호출 기능 설정하기

다음으로 [설정]을 터치한 뒤 [Gemini와 핸즈프리로 대화하기]를 선택하고 해당 기능을 활성화합니다.

[더보기] → [동의]를 차례로 터치한 후, 화면에 표시되는 문장을 또박또박 읽어 음성 인식을 완료합니다.

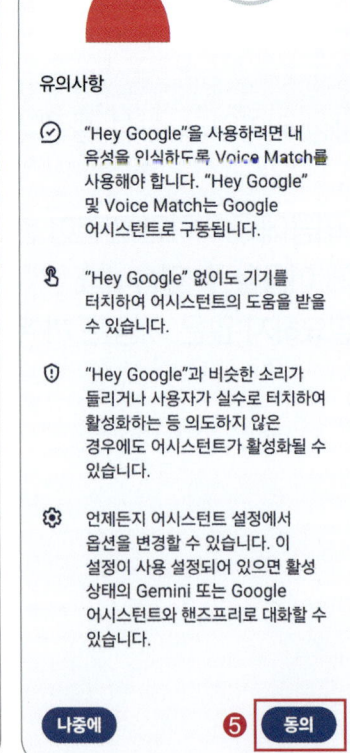
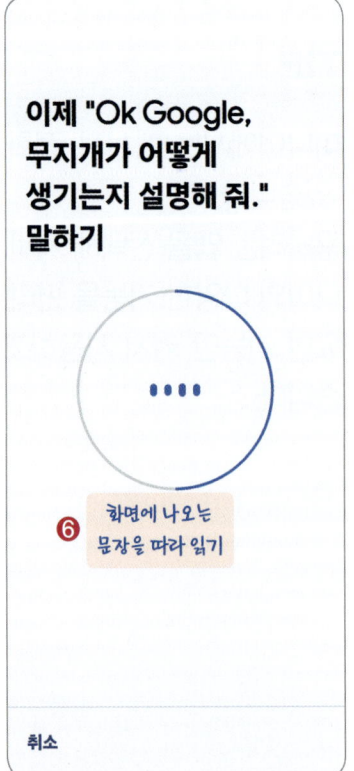

5. 설정 완료하기

["Hey Google" 사용 준비됨] 메시지가 나타나면 [다음]을 터치하고, '기술 개선에 참여하기'는 [나중에]를 선택하여 건너뜁니다. 이렇게 하면 설정이 완료됩니다.

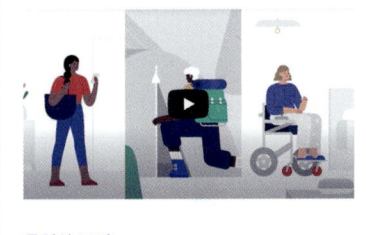

 **TIP**

○ 갤럭시 폰에서 제미나이를 호출하는 방법

제미나이는 음성 명령 외에도 다양한 방법으로 쉽게 실행할 수 있습니다. 스마트폰 기종마다 약간의 차이가 있지만 보통 다음 3가지 방법을 사용할 수 있습니다.
- "Hey Google"이라고 말해 음성으로 호출하기
- 홈 버튼을 길게 눌러 실행하기
- 측면 버튼(전원 버튼)을 길게 눌러 실행하기

※ 사용자의 스마트폰 기종이나 설정 상태에 따라 메뉴 위치나 호출 방식이 다를 수 있습니다.

 알아두면 유용한 제미나이 기능

제미나이는 스마트폰 기능과 직접 연동되어 음성 명령만으로 문자를 보내거나 캘린더에 일정을 등록하는 등 일상생활에서 바로 활용할 수 있는 편리한 기능을 제공합니다.

제미나이에서 음성 명령을 사용하는 방법은 두 가지입니다. 첫째, 스마트폰에 "Hey Google(헤이 구글)"이라고 말해 디지털 어시스턴트 화면을 불러낸 뒤 원하는 명령을 말합니다. 둘째, [Gemini](　) 앱을 실행한 다음 화면 하단의 [음성 입력] 버튼을 터치하고 필요한 내용을 말하면 됩니다.

▲ 'Hey Google'을 불러낸 화면

▲ Gemini 앱 접속 화면

1. 문자 보내기

1 'Hey Google'이라고 말해 디지털 어시스턴트를 호출한 뒤, 필요한 내용을 요청합니다. 예를 들어 "친구에게 보낼 가을 안부 문자 10개 작성해 줘"라고 말할 수 있습니다. 결과가 나타나면 마이크 버튼을 눌러 "OOO에게 문자 보내줘"라고 말합니다.

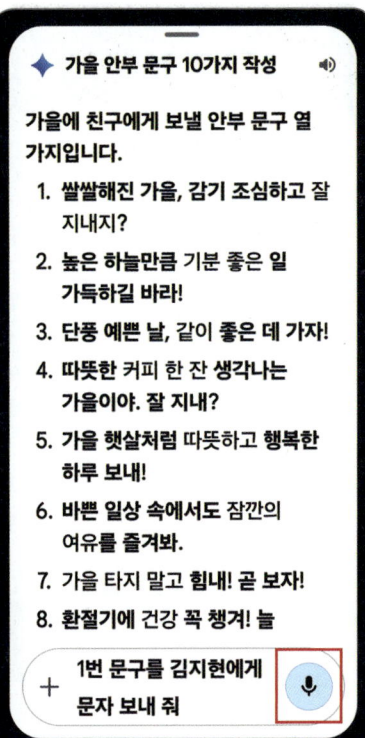

 **TIP**

연락처에 저장된 사람 이름을 또렷하게 발음하고, 끊김 없이 자연스럽게 말해야 정확하게 인식됩니다. 이름을 말할 때 발음이 불분명하거나 속도가 너무 느리면 인식 오류가 발생할 수 있으므로, "OOO에게 문자 보내줘"처럼 정확한 이름과 명령을 한 번에 말하는 것이 좋습니다.

2 메시지 앱을 처음 사용할 경우 확장 프로그램 사용에 대한 동의 절차가 나타납니다. [계속] → [동의]를 차례로 터치한 후, 문자 전송 여부를 묻는 질문이 나오면 [보내기]를 터치하거나 "보내줘"라고 말하면 해당 사람에게 문자가 전송됩니다.

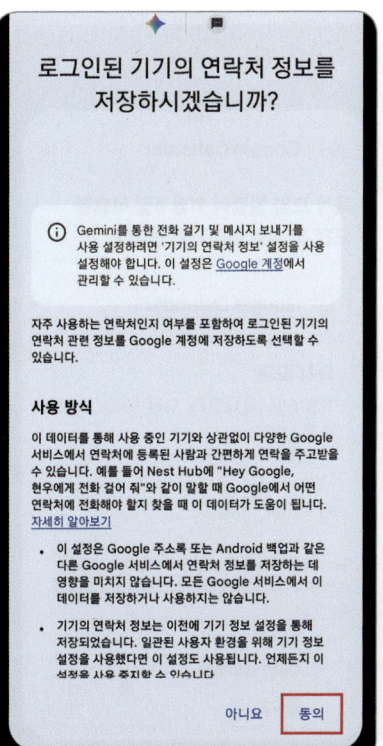
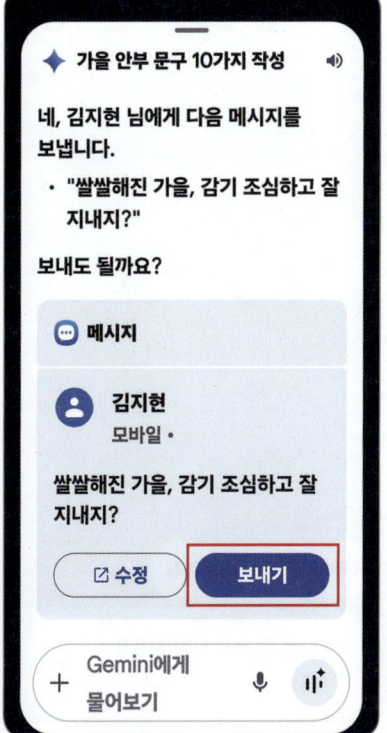

2. 캘린더에 일정 등록하기

1 캘린더에 일정을 등록하려면 'Hey Google'을 호출한 뒤, 날짜 → 시간 → 일정 내용을 순서대로 말하고 "캘린더에 추가해줘" 또는 "일정에 추가해줘"라고 말합니다. 그러면 해당 일정이 자동으로 캘린더에 등록됩니다.

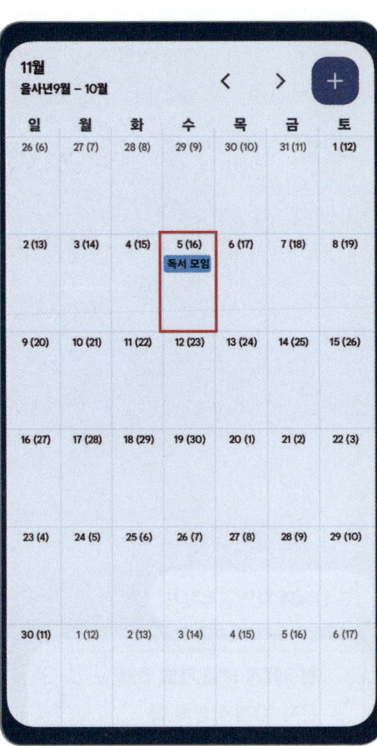

2 일정을 수정할 때도 마찬가지로 날짜, 시간, 일정 내용을 말한 뒤 "변경해줘" 또는 "이동시켜줘"라고 말하면 원하는 날짜나 시간으로 일정이 변경됩니다.

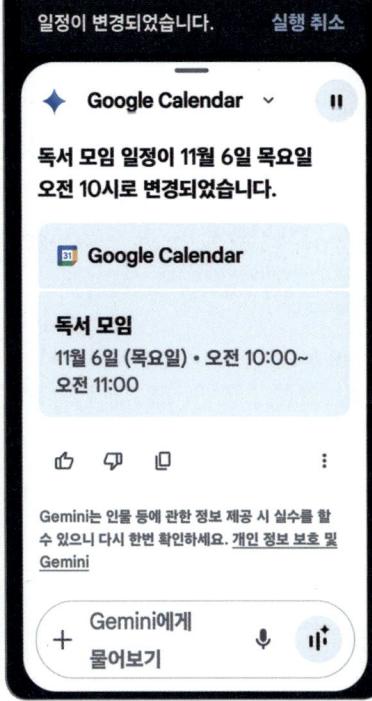
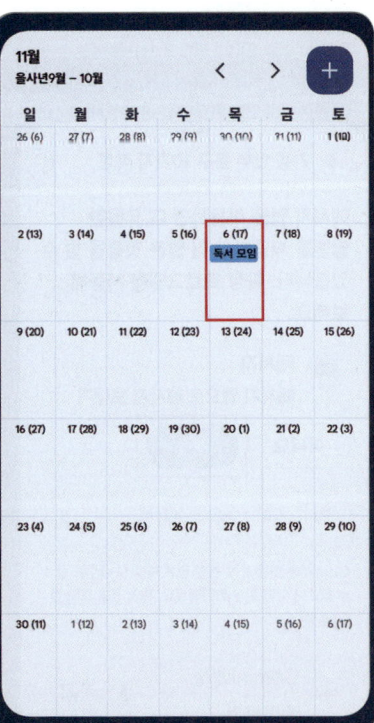

TIP

그 밖의 편리한 음성 명령어

명령어(예시)	활용 목적
"엄마에게 전화 걸어 줘"	가장 빈번한 커뮤니케이션 명령. 연락처를 검색할 필요 없이 즉시 연결.
"내일 날씨 어때?", "미세먼지 알려줘"	외출 전 꼭 필요한 정보를 빠르게 확인하여 일상생활의 편리성 향상.
"문자 왔어? 읽어 줘"	화면을 보기 어려운 상황이나 운전 중일 때, 중요한 정보를 음성으로 확인하여 안전성과 편의성 확보.
"내일 아침 7시에 알람 맞춰 줘"	시계 설정 메뉴를 열지 않고도 정확한 시간 설정 가능. 복약 알람 등 건강관리에도 활용.
"내 스마트폰 손전등 켜 줘"	복잡한 조작 과정 없이 즉시 보조 기능을 실행.
"지금부터 내가 하는 말 기록해 줘"	메모 앱 실행 없이 음성만으로 즉시 회의 내용, 아이디어, 장보기 목록 등을 기록.
"주식 현재가 알려 줘", "환율 얼마야?"	금융 앱을 실행하지 않고도 경제 정보를 실시간으로 간편하게 확인.
"OOO에 대해 쉽게 설명해 줘"	정보 검색과 동시에 요약·해설까지 요청 가능. (예 "챗GPT가 뭐야?", "양자역학이 뭐야?")
"화면 캡처 해 줘"	버튼 조작 없이 음성 명령 한 번으로 중요한 화면(예 계좌 이체 내역, 예매 정보, 와드 등)을 이미지 파일로 저장.
"타이머 20분 맞춰 줘"	요리, 공부, 운동 등 특정 시간 동안의 활동을 효율적으로 관리.
"와이파이 꺼 줘"	설정 메뉴를 찾지 않아도 빠르게 네트워크를 전환해 배터리와 데이터 사용을 절약.
"근처 카페 찾아 줘"	현재 위치를 기준으로 주변 장소 정보를 확인해 외출 시 목적지 탐색에 활용.
"다음 주 일정 알려 줘"	캘린더와 연동하여 다가오는 주간 일정을 한눈에 파악해 효율적인 일정 관리.
"오늘 주요 뉴스 5개 알려 줘"	최신 이슈를 요약해 제공받아 빠르고 간편한 시사 정보 확인.

3. 책 페이지 읽어주기

① 제미나이를 이용하면 책을 눈으로 읽지 않고 귀로 들을 수 있습니다. 제미나이에서 왼쪽 하단의 [+] 모양 [파일 추가] 버튼을 터치한 뒤 [카메라]를 선택합니다. 책의 한 페이지가 화면에 모두 나오도록 한 다음, 가운데 [촬영] 버튼을 눌러 사진을 찍습니다.

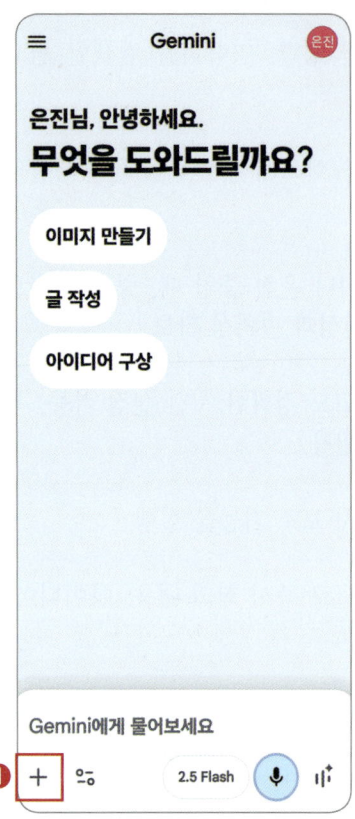
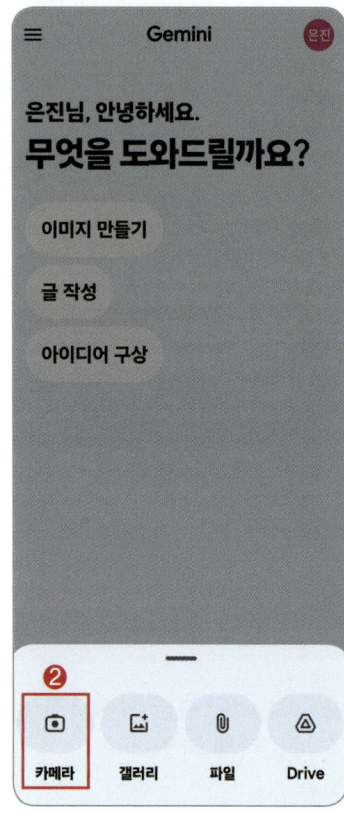
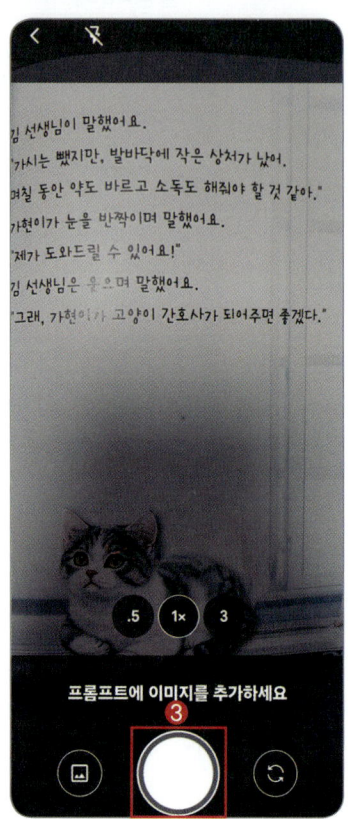

② [첨부하기]를 누르면 입력창에 촬영한 사진이 나타납니다. 이때 '읽어줘'라고 말하면 제미나이가 책의 내용을 음성으로 읽어줍니다.

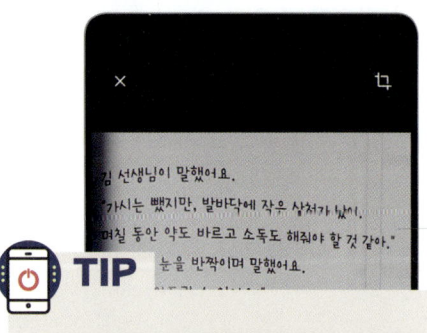

> **TIP**
> "○○어로 번역해줘"라고 말하면 해당 페이지를 원하는 언어로 번역할 수도 있습니다.

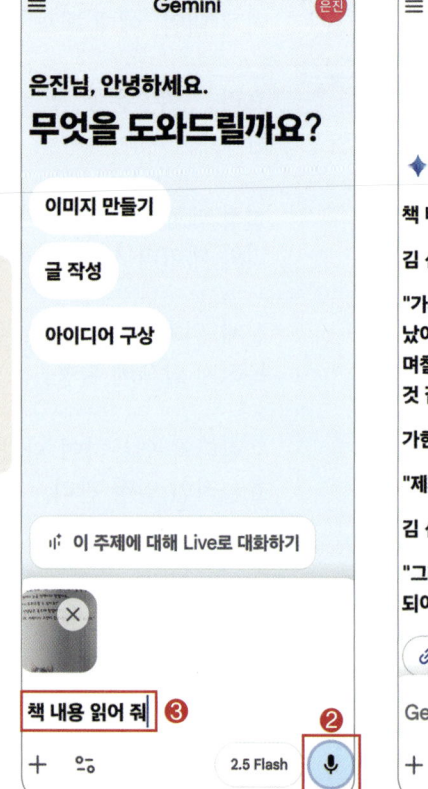
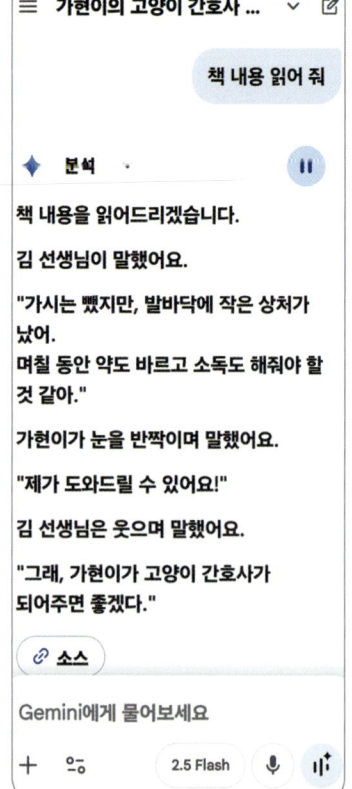

4. 유튜브 요약하기

❶ 긴 영상이나 외국어로 된 유튜브 영상도 제미나이를 이용해 간단히 요약할 수 있습니다. 영상을 시청하다가 요약이 필요하면 홈 버튼이나 측면 전원 버튼을 길게 눌러 어시스턴트를 실행합니다. 화면에 표시되는 [동영상에 관해 물어보기]를 터치한 뒤, '이 영상 요약해줘'라고 입력하고 ➤ 버튼을 누릅니다. 잠시 후 제미나이가 요약된 내용을 화면에 표시하며, 타임라인이 함께 제공되어 원하는 장면으로 바로 이동할 수 있습니다.

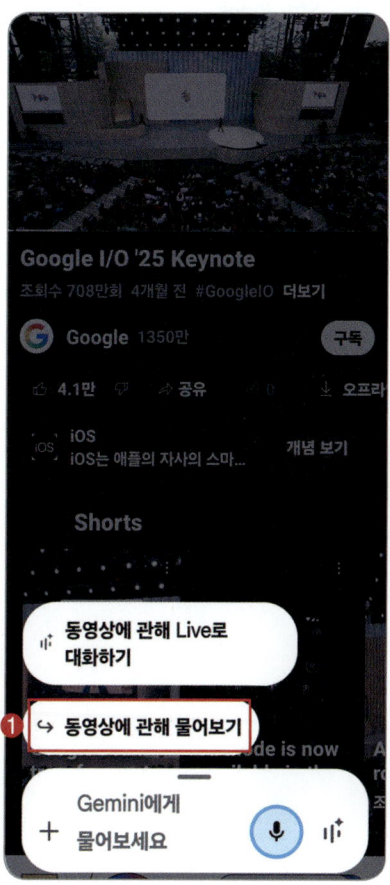 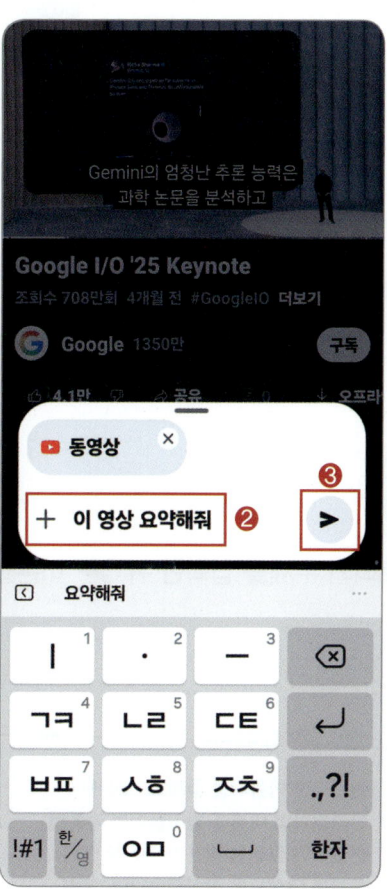 

5. 스토리북 만들기

1 제미나이를 활용하면 일관성 있는 스토리를 손쉽게 만들 수 있습니다. 화면 왼쪽 상단의 ☰ 버튼을 터치한 뒤 'Gems 탐색하기'를 선택하고, [Storybook]을 누릅니다.

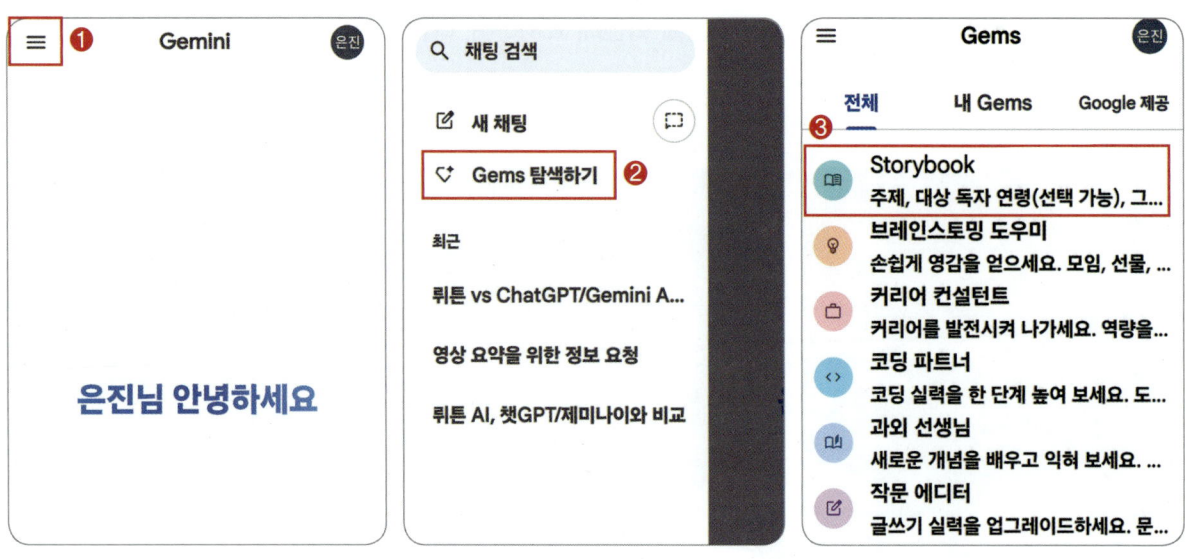

2 입력창에 만들고자 하는 스토리의 주제를 입력한 뒤 ➤ 버튼을 눌러 생성합니다. 스토리가 완성되면 [열기]를 터치합니다.

TIP 만들고 싶은 스토리의 주제, 독자 연령, 그림 스타일 등을 구체적으로 입력할수록 원하는 결과에 가까운 스토리북을 만들 수 있습니다.

- 예: "오래된 반려견과의 마지막 산책을 통해 가족과 이별을 받아들이는 과정을 현실적인 감정으로 담은 3D 스타일 동화를 써줘"

❸ 오른쪽 상단의 [듣기]를 누르면 음성으로 내용을 들을 수도 있으며, [공유] 버튼을 터치하면 스토리북을 다른 사람에게 전달할 수도 있습니다.

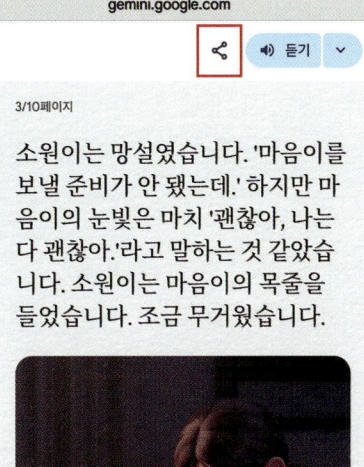

 **TIP**

분량을 지정하지 않으면 기본적으로 약 10페이지 분량의 스토리가 생성됩니다. 더 길거나 짧은 스토리가 필요하다면 입력할 때 원하는 전체 페이지 수도 함께 말하는 것이 좋습니다.

smartphone

구글 제미나이 @ 기능 사용법

'@'는 제미나이에서 다른 구글 서비스나 기능을 직접 불러와 활용할 수 있는 명령어입니다. 이를 Mentions(멘션)이라고 하며, 대화창에서 @ 뒤에 서비스 이름을 입력하면 해당 기능을 바로 연동하거나 자료를 불러올 수 있습니다.

예를 들어,
@Gmail → 내 메일 내용을 요약하거나 작성 도움받기
@Docs → 구글 문서의 특정 파일을 불러와 요약·편집
@Drive → 구글 드라이브 파일 검색
@Maps → 위치 검색 및 경로 안내
@YouTube → 영상 정보나 요약 보기

◆ 사용 방법

제미나이 입력창에 @ 기호를 입력하면, 자동으로 연결 가능한 서비스 목록이 표시됩니다. 원하는 서비스를 선택하면 해당 기능이 활성화되며, 그 뒤에 원하는 내용을 입력하면 제미나이가 관련 데이터를 활용해 응답합니다.

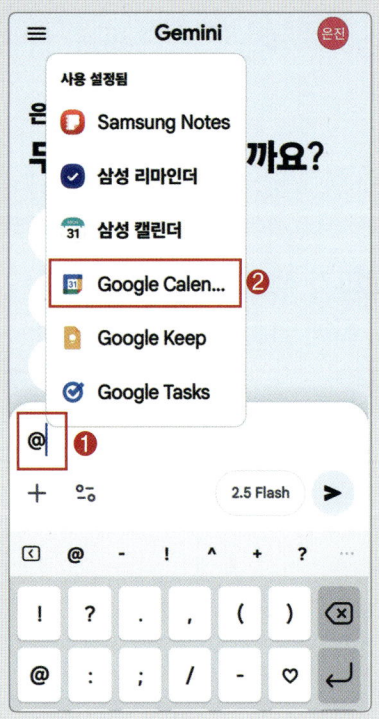
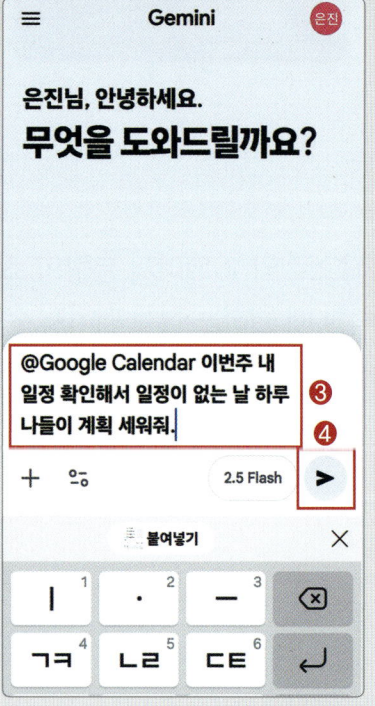
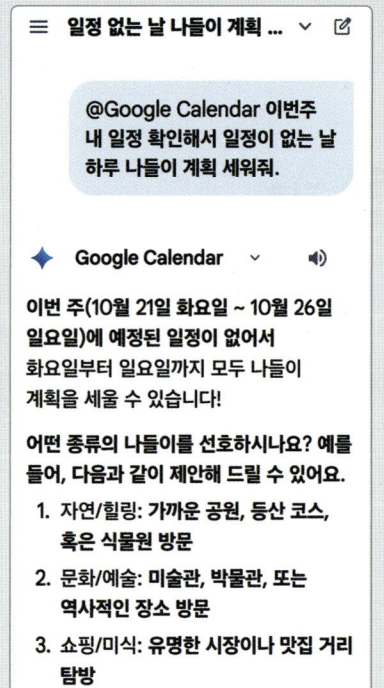

◆ 예시

@Gmail 이번 달 받은 메일 중 중요한 내용만 요약해줘
@Drive 지난주 회의록 파일 찾아줘
@Maps 서울역에서 국립중앙박물관까지 가는 길 알려줘
@Calendar 이번 주 내 일정 확인해서, 일정이 없는 날 하루 나들이 계획을 세워줘

Live로 화면을 공유하며 질문하기

제미나이에서는 스마트폰 화면을 실시간으로 공유하고, 화면에 나타난 내용에 대해 직접적인 도움을 받을 수 있습니다. 스마트폰 기능이나 앱 사용법이 궁금할 때 이 기능을 활용하면 매우 유용합니다.

1. 내 화면 공유하기

기기 화면을 공유하는 방법은 두 가지입니다. 먼저, 공유할 화면을 미리 열어둔 상태에서 아래 방법 중 하나를 선택해 진행합니다.

방법 1

"Hey Google"이라고 말한 뒤 나타나는 어시스턴트 화면에서 [Live에 화면 공유하기]를 터치하고, 화면에 표시되는 안내를 따라 진행합니다.

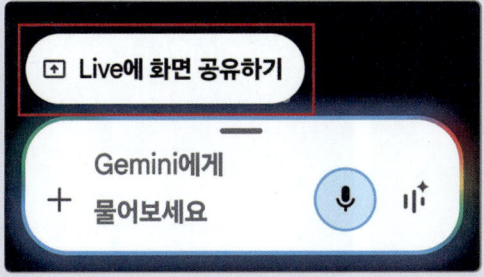

방법 2

Gemini 앱을 연 뒤 하단의 [Live]( ) 버튼을 터치하고, [화면 공유 사용]을 눌러 화면에 표시되는 안내를 따릅니다.

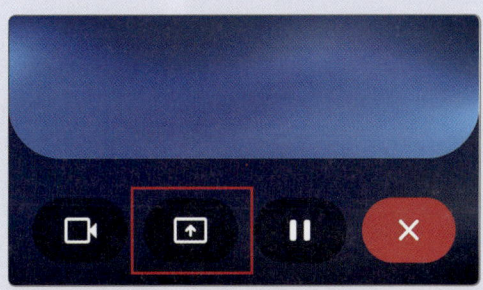

2. 내 화면 공유 중지하기

화면 공유를 중단하는 방법도 두 가지입니다.

방법 1

화면 상단을 아래로 스와이프한 뒤, X 모양의 [공유 중지] 버튼을 터치합니다.

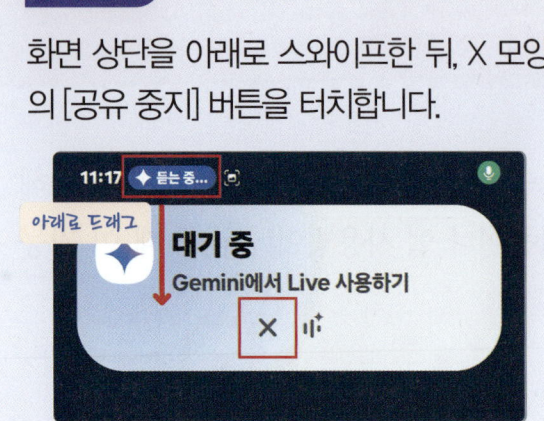

방법 2

Gemini 모바일 앱으로 돌아가 [화면 공유 중지]를 터치합니다.

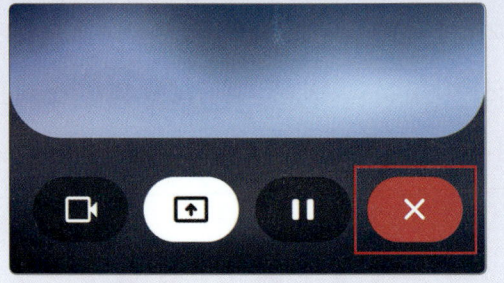

3. 화면 공유하여 질문하기

방법 1 을 활용해 화면을 공유한 뒤 질문하고 종료하는 방법을 알아보겠습니다.

① "Hey Google"이라고 말한 뒤 나타나는 어시스턴트 화면에서 [Live에 화면 공유하기]를 터치합니다. 처음 [Live] 메뉴를 사용할 경우 대화에 사용할 음성을 선택하는 화면이 나타납니다. 원하는 음성을 선택한 후 [시작]을 터치하고, 이어서 [더보기]를 누릅니다.

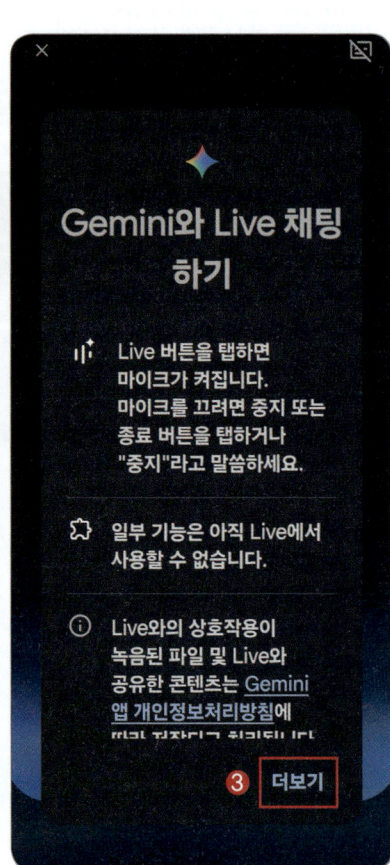

❷ [Google 앱으로 녹화 또는 전송을 시작하시겠습니까?]라는 메시지가 나타나면 [시작]을 터치합니다. 그러면 내 스마트폰 화면이 공유되고, 원하는 내용을 질문할 수 있습니다. 예를 들어, "스마트폰 배경화면을 바꾸고 싶어"라고 말하면 제미나이가 화면을 분석한 뒤 해결 방법을 안내합니다.

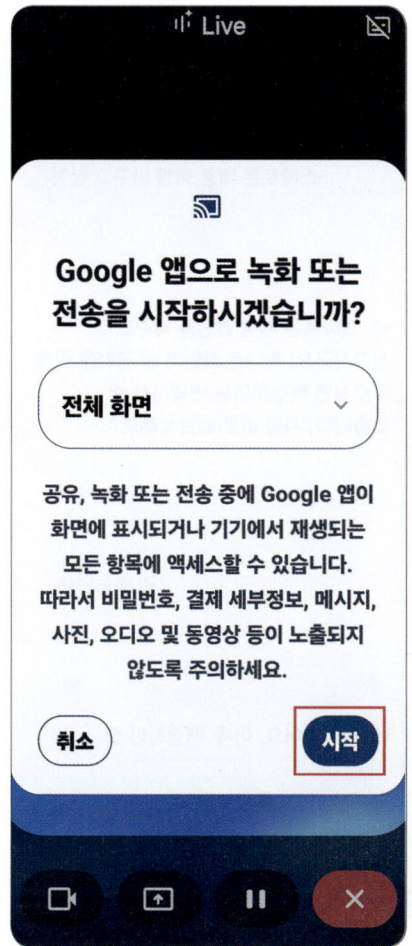  

❸ 대화중에는 화면 상단 상태 표시줄에 제미나이 아이콘이 표시됩니다. 대화를 종료하려면 상태 표시줄을 아래로 스와이프해 X 모양의 [공유 중지] 버튼을 터치합니다. 라이브 화면에서 주고받은 대화 내용은 제미나이 앱에서 다시 확인할 수 있습니다.

  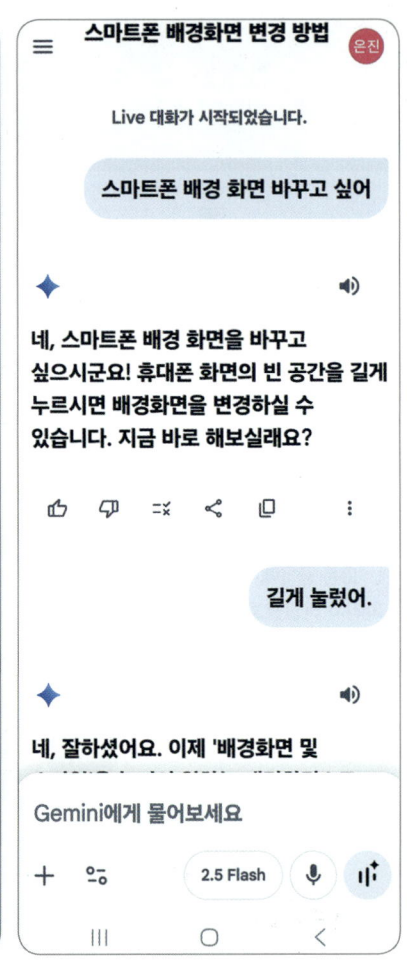

 TIP

◐ 카메라 공유

Live 화면에서 화면 왼쪽 아래의 [카메라 공유] 버튼을 터치하면 주변의 사물이나 공간을 실시간으로 AI에게 보여주며 대화할 수 있습니다. 대화를 마친 뒤 [종료] 버튼을 누르면 지금까지 나눈 대화를 다시 확인할 수 있습니다.

  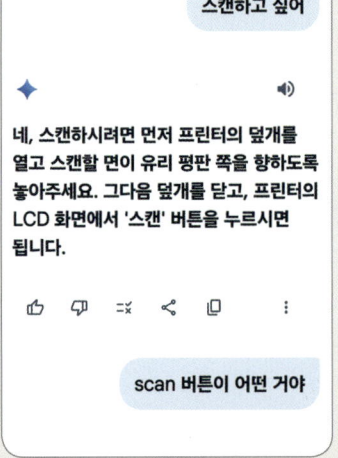

1. 구글 캘린더를 이용하여 일정 추가하고 삭제하기

구글 캘린더(Google Calendar)는 스마트폰에서 약속, 회의, 기념일 등을 손쉽게 관리할 수 있는 유용한 도구입니다. 알림 기능으로 중요한 일정을 놓치지 않게 도와주며, 변경이나 삭제도 간단한 터치로 해결할 수 있습니다. 구글 캘린더에서 일정을 추가하고 삭제하는 방법을 간단히 알아보겠습니다.

○ 캘린더에 일정 추가하기

 홈 화면에서 [캘린더]를 터치한 다음 일정을 등록할 날짜를 선택합니다. 설정할 시간을 터치한 뒤 '제목 추가'란에 일정을 입력하고 [저장]을 누르면 일정이 등록됩니다.

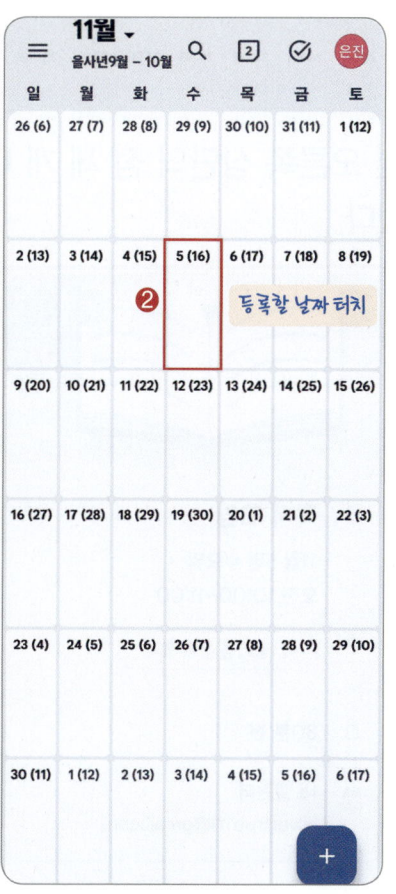
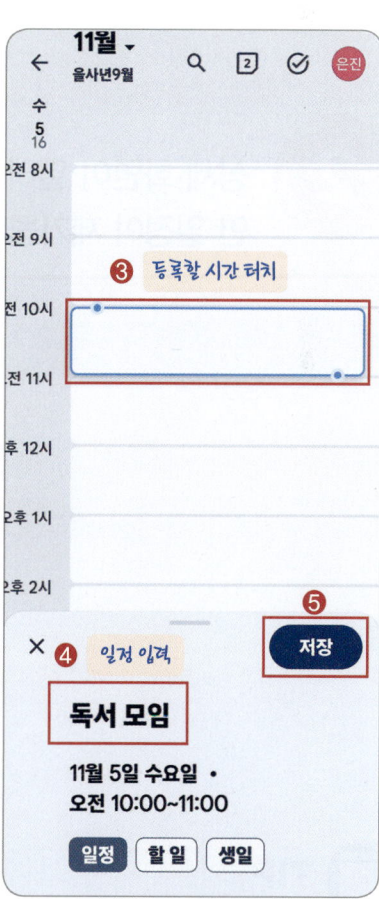

캘린더에서 일정 삭제하기

 일정을 삭제하려면 해당 날짜를 선택하고, 제거할 일정을 터치합니다.

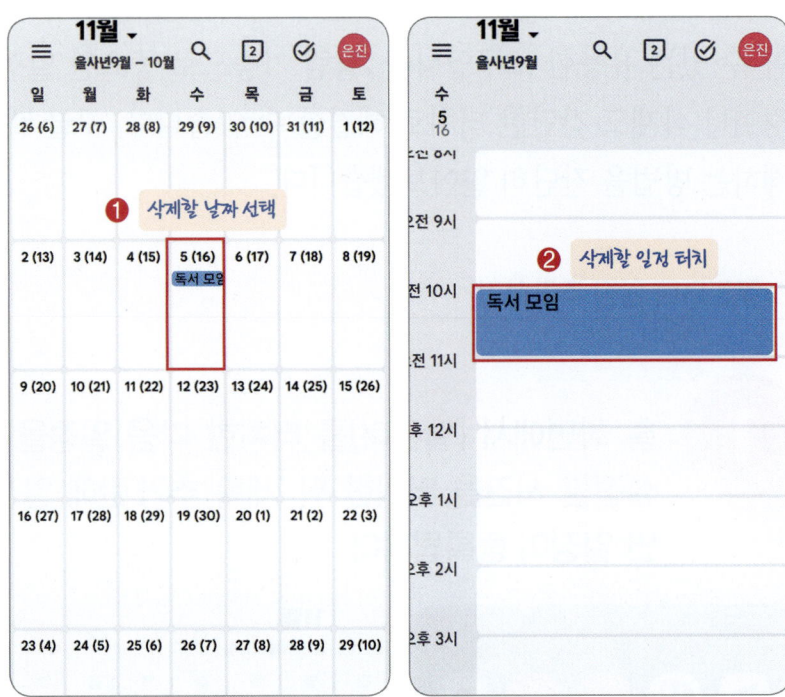

② 상세 화면이 열리면 오른쪽 상단의 점 세 개 버튼을 눌러 [삭제]를 선택하면 일정이 제거됩니다.

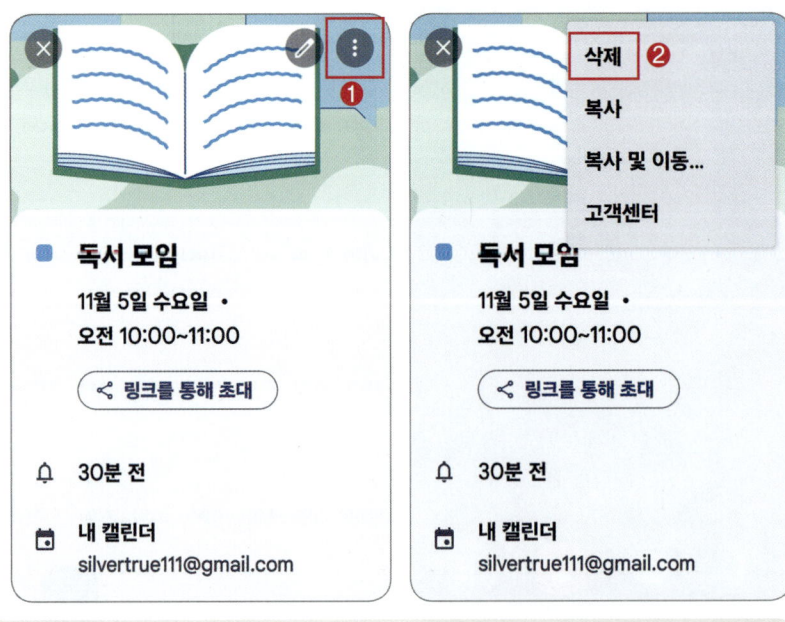

 스마트폰에 구글 캘린더 앱이 없다면 [Play 스토어]에서 다운로드해 사용할 수 있습니다.

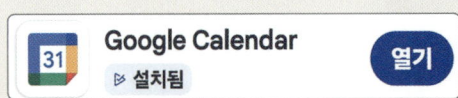

2. 구글 캘린더를 홈 화면에 위젯으로 추가하기

구글 캘린더(Google Calendar)를 자주 사용하는 경우, 앱을 열지 않고도 홈 화면에서 바로 일정을 확인할 수 있도록 위젯 기능을 활용하면 훨씬 편리합니다. 위젯을 추가해 두면 오늘의 일정, 다가오는 약속, 기념일 등을 한눈에 볼 수 있어 시간 관리가 더 효율적입니다. 스마트폰 홈 화면에 구글 캘린더를 위젯으로 추가하는 방법을 간단히 알아보겠습니다.

○ 구글 캘린더 위젯 추가하기

 스마트폰 홈 화면에서 빈 공간을 길게 누른 후, 화면 하단에 나타나는 메뉴에서 [위젯]을 선택합니다.

2 목록에서 [캘린더]를 찾아 원하는 위젯 형태를 누른 뒤 [추가]를 터치합니다. 홈 화면에 위젯이 추가되면 크기를 조절하거나 위치를 이동하여 원하는 자리에 배치할 수 있습니다.

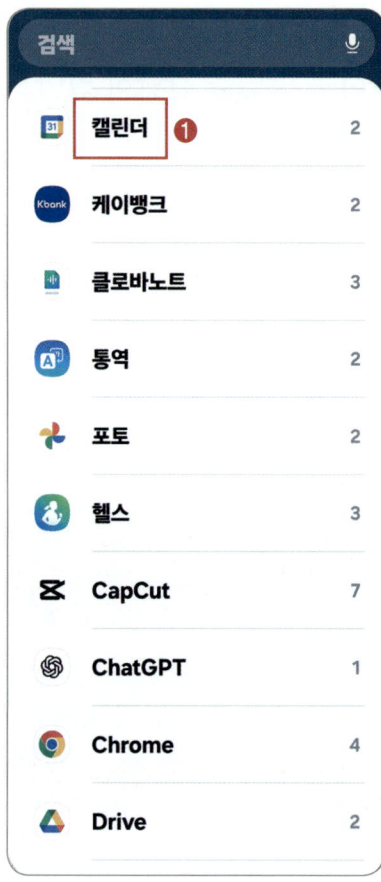

 **TIP**

스마트폰에는 기본으로 설치된 삼성 캘린더와 구글 캘린더가 모두 있을 수 있으므로, 필요한 캘린더가 어떤 것인지 먼저 확인한 뒤 위젯을 추가합니다.

Section 10
나노 바나나(Nano Banana)로 생일 축하 카드 만들기

나노 바나나(Nano Banana)는 구글 제미나이(Gemini)에 탑재된 이미지 생성·편집 기능으로, 사진을 업로드하고 "배경을 파리의 에펠탑 야경으로 바꿔줘"처럼 지시하면 인물은 그대로 두고 원하는 부분만 바꿔 줍니다. 이를 활용하면 생일 축하 카드용 이미지나 기념일 사진을 누구나 손쉽게 만들 수 있습니다. 이 장에서는 사진 업로드부터 배경 변경, 스타일 편집, 축하 이미지 완성까지 전 과정을 간단한 예제로 소개합니다.

 학습내용

✓ 나노 바나나의 기본 사용법과 축하카드 제작 과정을 알아봅니다.
✓ 프롬프트 전략으로 이미지 품질을 높이는 방법을 이해합니다.
✓ 스마트폰 갤러리의 AI 기능으로 이미지를 편집하는 방법을 익힙니다.

01 나노 바나나 실전 활용 가이드

AI 이미지 편집 툴 나노 바나나는 사진 수정부터 합성, 스타일 변경, 복원 등 다양한 작업을 지원합니다. 아래 표는 자주 활용되는 주요 기능과 대표 프롬프트 예시를 정리한 내용입니다.

항목	설명	대표 프롬프트 예시
캐릭터 및 스타일 일관성 유지	동일 캐릭터의 외형과 분위기를 유지하며 장면을 다양하게 생성	"이 캐릭터를 동일한 복장과 헤어스타일로 다른 각도에서 다시 그려줘."
요소 추가·삭제	이미지에서 특정 요소를 삽입하거나 제거	"오른손에 커피 컵을 들고 있는 모습으로 만들어줘." / "배경의 사람을 모두 지워줘."
인물 합성	실제 인물과 유명 인물, 가상의 인물을 자연스럽게 합성	"이 남자가 일론 머스크와 함께 셀카를 찍는 장면을 만들어줘."
배경·환경 변경	배경, 공간, 시간대, 날씨 등을 변경하여 장면 분위기 전환	"사무실 사진을 북유럽 거실로 바꿔줘." / "첨부한 사진 속 인물을 사용해 전문 스튜디오에서 촬영한 것 같은 프로필 사진 분위기로 만들어줘."
일부 요소 변경	인물의 의상, 소품, 색상, 표정 등 특정 부분만 수정	"남성을 슈퍼히어로 복장으로 변경해줘."
스타일 전이	원본 구성을 유지하면서 화풍이나 스타일만 변환	"도시 풍경 사진을 반 고흐 화풍으로 변환해줘."
멀티 이미지 합성	여러 이미지를 조합하여 새로운 장면을 창작	"A 이미지의 배경을 사용하고, B 이미지의 인물을 중앙에 배치해줘."
오래된 사진 복원	손상되거나 색이 바랜 오래된 사진을 복원하고 자연스러운 색감으로 재현	"낡고 손상된 흑백 사진을 복원하고, 피부 톤과 색감을 자연스럽게 채색해줘."
광고·마케팅용 비주얼 생성	제품 색상, 질감, 배경 등을 수정하여 상업용 이미지 제작	"이 향수병을 무광 블랙 보틀 디자인으로 바꾸고, 배경을 도시 야경으로 변경해줘."

02 나만의 생일 축하 카드 완성하기

나노바나나의 이미지 편집 기능을 이용해 생일 축하 이미지를 만들어 보겠습니다.

1 제미나이 화면에서 왼쪽 하단의 ＋ 버튼을 터치한 후 [갤러리]를 선택하고, 축하 카드를 만들 이미지 파일을 터치하여 선택한 뒤 [완료]를 누릅니다.

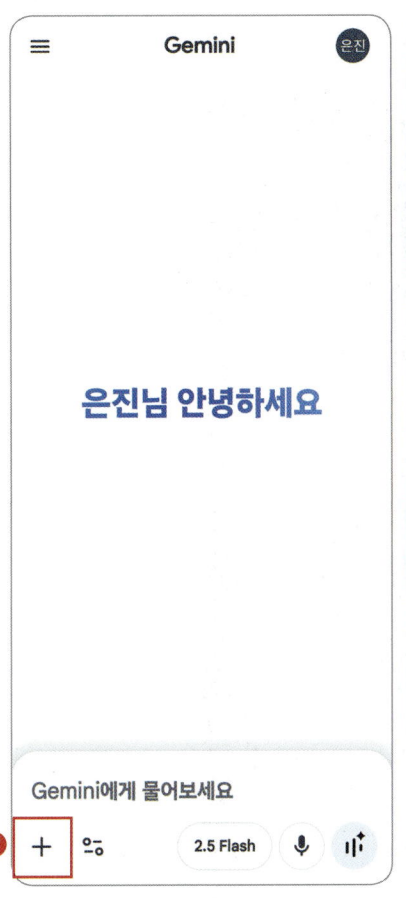
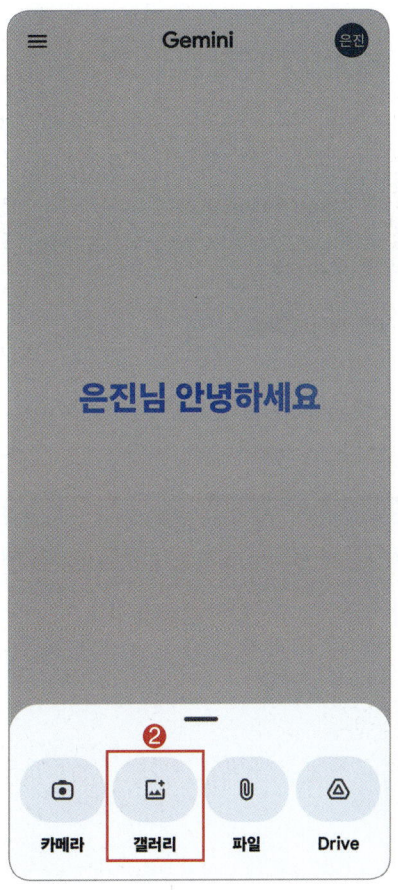

2 다시 버튼을 터치한 다음 [이미지를 만들어 보세요]를 선택합니다. 그런 다음 [이미지를 설명하세요] 입력란에 편집하고 싶은 이미지에 대한 요청 사항을 입력하고 ▶ 버튼을 터치합니다.

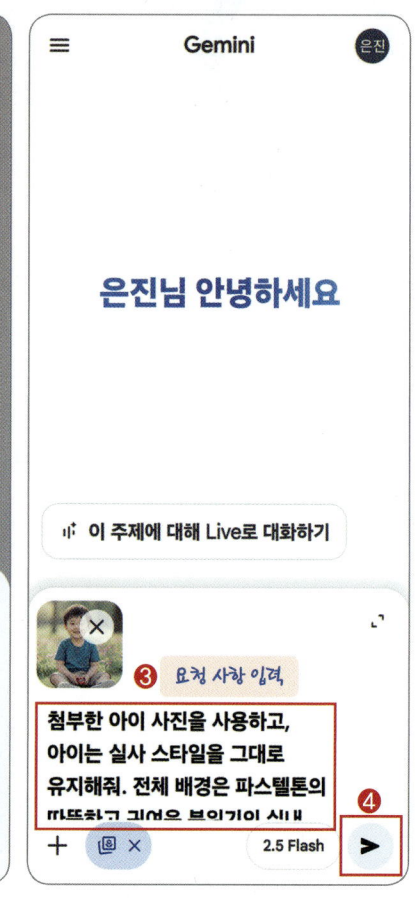

 TIP

갤러리에 저장된 내 이미지를 활용해 직접 생성해 보는 것이 가장 좋습니다. 이미지가 없을 경우에는 QR코드를 스캔해 교재에 수록된 예시 이미지를 내려받아 실습을 진행하면 됩니다.

생일 축하 카드 만들기 예시

원본 이미지

 **TIP**

제미나이의 나노바나나에서는 한글 입력이 한 번에 정확히 인식되지 않을 수 있습니다.
이럴 경우 여러 번 시도하거나, 카드에 들어갈 문구를 영어로 입력하면 인식률이 높아집니다.

첨부한 아이 사진을 사용하고, 아이는 실사 스타일을 그대로 유지해줘. 전체 배경은 파스텔톤의 따뜻하고 귀여운 분위기의 실내 파티 공간으로 설정하고, 뒷배경 전체가 일러스트 느낌이 나도록 연출해줘.

아이 주변 배경에 일러스트 스타일의 장식(풍선, 별, 케이크, 파티 장식 등)을 추가하고, 화면 상단에는 "HAPPY BIRTHDAY"라는 문구를 귀엽고 입체감 있는 일러스트 폰트로 넣어줘.

아이의 얼굴은 실사 그대로 유지하면서 머리에는 파티용 고깔 모자를 씌워줘. 볼에는 은은한 홍조를 넣어 축하 분위기를 강조해줘.

화면 하단에 "지훈아 생일 축하해"의 한글 문구를 손글씨 느낌으로 넣고, 전체 이미지는 '실사 인물 + 일러스트 디자인 요소'가 자연스럽게 조화된 생일 축하 카드 형태로 완성해줘.

3 원하는 결과가 나올 때까지 요청 사항을 반복해서 입력한 뒤, 최종 이미지가 완성되면 이미지를 길게 터치하고 [저장]을 눌러 다운로드합니다.

이미지 결과를 업그레이드하는 6가지 프롬프트 전략

AI 이미지 생성에서 원하는 결과를 얻으려면 단순히 "무엇을 만들어줘"라고 지시하는 것만으로는 부족합니다. 아래 여섯 가지 전략을 활용하면 결과의 완성도를 높이고, 원하는 이미지에 한층 더 가까운 결과를 얻을 수 있습니다.

1. 구체적으로 작성하기

설명을 구체적으로 쓸수록 결과의 정확도가 높아집니다. 색상, 재질, 조명, 분위기, 세부 요소를 포함하면 원하는 이미지를 얻을 가능성이 커집니다.
- **초안:** "귀여운 로봇을 만들어줘."
- **개선안:** "작고 둥근 몸체, 파란 LED 눈을 가진 금속 질감의 귀여운 로봇을 만들어줘."

2. 목적과 맥락 알려주기

이미지의 사용 목적과 분위기를 구체적으로 전달하면 AI가 스타일을 더 정확하게 이해할 수 있습니다.
- **초안:** "일러스트를 만들어줘."
- **개선안:** "초등학생 과학 교재 표지용 일러스트를 만들어줘. 태양계 행성을 귀엽게 의인화하고, 밝고 교육적인 분위기로 표현해줘."

3. 반복 및 미세 조정하기

한 번에 완벽한 결과를 얻으려 하기보다 여러 번에 걸쳐 조금씩 수정하며 완성도를 높이는 것이 더 효과적입니다.
- **예시:** "좋은데 조명을 조금 더 따뜻하게 해 줄 수 있어?"
  "다른 건 그대로 두고 캐릭터의 표정을 조금 더 진지하게 바꿔줘."

4. 단계별로 지시하기

복잡한 장면은 한 번에 설명하기보다 배경 → 주요 대상 → 세부 요소 순서로 단계적으로 지시하는 것이 더 정확한 결과를 얻는 방법입니다.

- **예시:** "① 안개 낀 새벽 숲속 배경을 그려줘 → ② 중앙에 오래된 다리를 추가해줘 → ③ 다리 위에 망토를 입은 인물을 넣어줘 → ④ 인물 주변에 부드러운 빛 효과를 더해줘."

5. 긍정 표현 사용하기

"~이 없다"와 같은 부정적 표현보다 원하는 장면을 직접적으로 묘사하는 긍정적인 표현이 훨씬 효과적입니다. AI는 부정어보다 구체적인 묘사를 더 잘 이해합니다.

- **초안:** "자동차가 없는 거리" → 단순히 자동차만 없는 장면
- **개선안:** "교통의 흔적이 없는 텅 빈 거리" → 전체적으로 정리된 공간과 분위기까지 반영된 장면

6. 촬영 용어 활용하기

사진·영상 용어를 활용하면 구도, 시점, 깊이감을 세밀하게 조절할 수 있습니다.
- **예시:** "wide shot(광각 구도)로 도시 전경 전체를 담아줘."

알아두면 좋은 주의사항

- 프롬프트를 영어로 작성하면 더 정교하고 일관된 결과를 얻을 수 있습니다.
- 이미지를 편집할 때는 한 번에 최대 3장의 이미지를 불러와 편집하는 것이 안정적인 결과를 얻을 수 있습니다.
- 생성된 이미지에는 AI 생성 이미지를 식별하기 위한 SynthID 워터마크가 자동으로 삽입됩니다.
- 이미지가 생성되지 않거나 오류가 발생하는 경우가 있으니, 동일한 프롬프트를 다시 시도하면 정상적으로 만들어지는 경우가 많습니다.
- 한글 입력은 인식되지 않는 경우가 있으므로 다시 시도하거나 영어 텍스트를 사용하는 것이 좋습니다.
- 이미지 안에 텍스트를 포함할 때는 큰따옴표(" ") 등으로 구별하여 프롬프트를 입력하는 것이 인식률을 높이는 데 도움이 됩니다.

> **참고**
> 현재 Gemini 앱 무료 버전에서는 하루 최대 100개의 이미지를 생성할 수 있습니다. 단, 이 한도는 추후 변경될 수 있습니다.

◐ 갤러리에서 AI 기능으로 사진 편집하기

갤럭시 스마트폰에서는 AI 기능을 활용해 간단한 사진 편집을 손쉽게 할 수 있습니다. 갤러리 앱에서 제공하는 AI 기능을 이용해 생일 카드를 만드는 방법을 알아보겠습니다.

1. 필요 없는 요소 제거

 스마트폰에서 불필요한 요소를 제거할 이미지를 터치해 엽니다. 화면 하단의 별 모양 [포토 어시스트] 버튼을 터치합니다.

 **TIP**

화면 하단에 별 모양의 [포토 어시스트](✨) 버튼이 있다면 AI 기능을 활용할 수 있습니다. 이 버튼이 보이지 않는다면 해당 기종에서는 AI 편집 기능을 지원하지 않는 경우입니다.

 삭제할 대상을 길게 누른 후, 지우개 모양의 [삭제] 버튼을 터치합니다.

③ 삭제할 대상이 반투명이 되면 화면 아래의 [생성] 버튼을 터치합니다. 그러면 삭제된 자리가 자동으로 메워지며 전체 이미지와 자연스럽게 어우러집니다. 마지막으로 [다른 파일로 저장]을 눌러 결과를 저장합니다.

2. 사진 배경 바꾸기

 갤러리에서 배경을 변경할 대상이 있는 이미지를 열어 길게 터치한 후 나타나는 메뉴에서 [복사]를 선택합니다. 그런 다음 [뒤로(<)] 버튼을 눌러 갤러리 메인 화면으로 돌아갑니다.

 새로운 배경으로 사용할 이미지를 선택해 연 뒤, 이미지를 길게 터치하여 나타나는 메뉴에서 [붙여넣기]를 선택합니다.

 붙여 넣은 대상이 화면에 나타나면, 모서리에 있는 동그라미를 드래그해 크기를 조절하고 원하는 위치로 이동합니다. 편집이 완료되면 오른쪽 상단의 점 세 개 메뉴에서 [다른 파일로 저장]을 눌러 결과를 다운로드합니다.

3. 그려서 합성하기

 합성할 이미지를 터치해 연 뒤, 화면 하단의 별 모양 [포토 어시스트] 버튼을 누르고 아래 메뉴 중 [스케치 변환]을 선택합니다.

 생성하고 싶은 이미지를 화면에 직접 그린 다음 [생성]을 터치하면, AI가 사진 분위기에 어울리는 그림으로 자동 변환해 줍니다. 완성된 이미지는 [다른 파일로 저장]을 눌러 다운로드합니다.

Section 11

뤼튼(Wrtn)으로 콘텐츠·학습·업무 활용하기

○○○>>>

뤼튼(Wrtn)은 생성형 AI를 넘어 누구나 쉽고 재미있게 사용할 수 있는 생활형 AI 플랫폼입니다. 단순히 글을 만드는 수준을 넘어, SNS용 밈 제작부터 외국어 회화 연습, 문서 정리나 글쓰기 보조까지 다양한 기능을 제공합니다. 이 장에서는 뤼튼의 대표 기능인 AI 밈 만들기, 스피킹을 통한 언어 학습, 생산성 도구를 활용한 글쓰기 지원 방법을 살펴봅니다.

학습내용

- ✓ 뤼튼 앱의 설치와 기본 기능을 알아봅니다.
- ✓ AI 밈 제작, 영어 학습, 글쓰기 등 다양한 기능을 이해합니다.
- ✓ 카메라 번역 기능을 활용하는 방법을 익힙니다.

01 뤼튼 앱 설치 및 가입하기

뤼튼은 다른 앱에 비해 가입 절차가 다소 많습니다. 하나씩 차근차근 살펴보도록 하겠습니다.

1. 뤼튼 설치 및 로그인

[Play 스토어]에서 [뤼튼]을 검색해 설치합니다. 설치가 완료되면 앱을 열고 로그인 화면에서 원하는 로그인 방법을 선택합니다. 여기서는 [Google 계정으로 로그인]을 터치했습니다. 계정과 비밀번호를 입력한 뒤 [다음]을 눌러 로그인합니다.

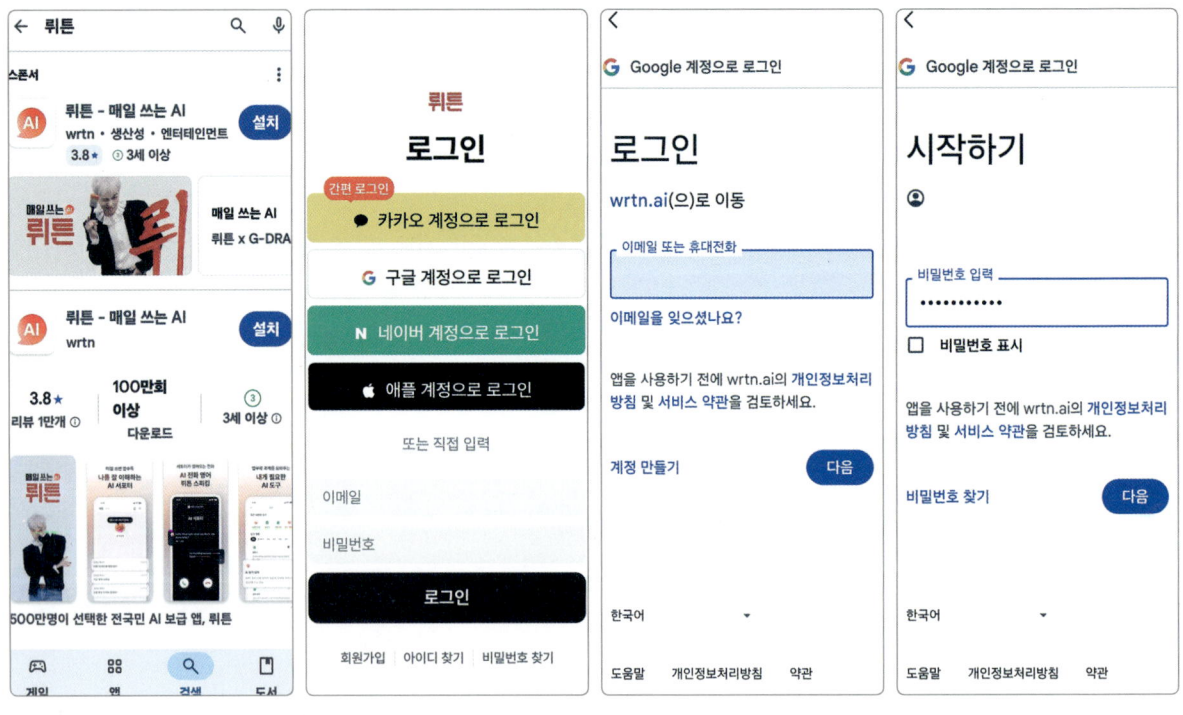

 **TIP**

뤼튼(Wrtn)은 한국에서 개발된 생성형 AI 플랫폼으로, 이메일·구글·네이버·카카오·애플 등 다양한 계정으로 가입할 수 있습니다. 가입 방식에 따른 기능 차이는 없으며, 평소 자주 사용하는 계정으로 가입하는 것이 가장 편리합니다.

2. 회원 가입

서비스 약관에 동의한 후 [다음] 버튼을 터치합니다. 뤼튼에서 사용할 비밀번호를 입력하고 [다음]을 터치한 뒤, 초대 코드가 있다면 입력하고 다시 [다음]을 누릅니다.

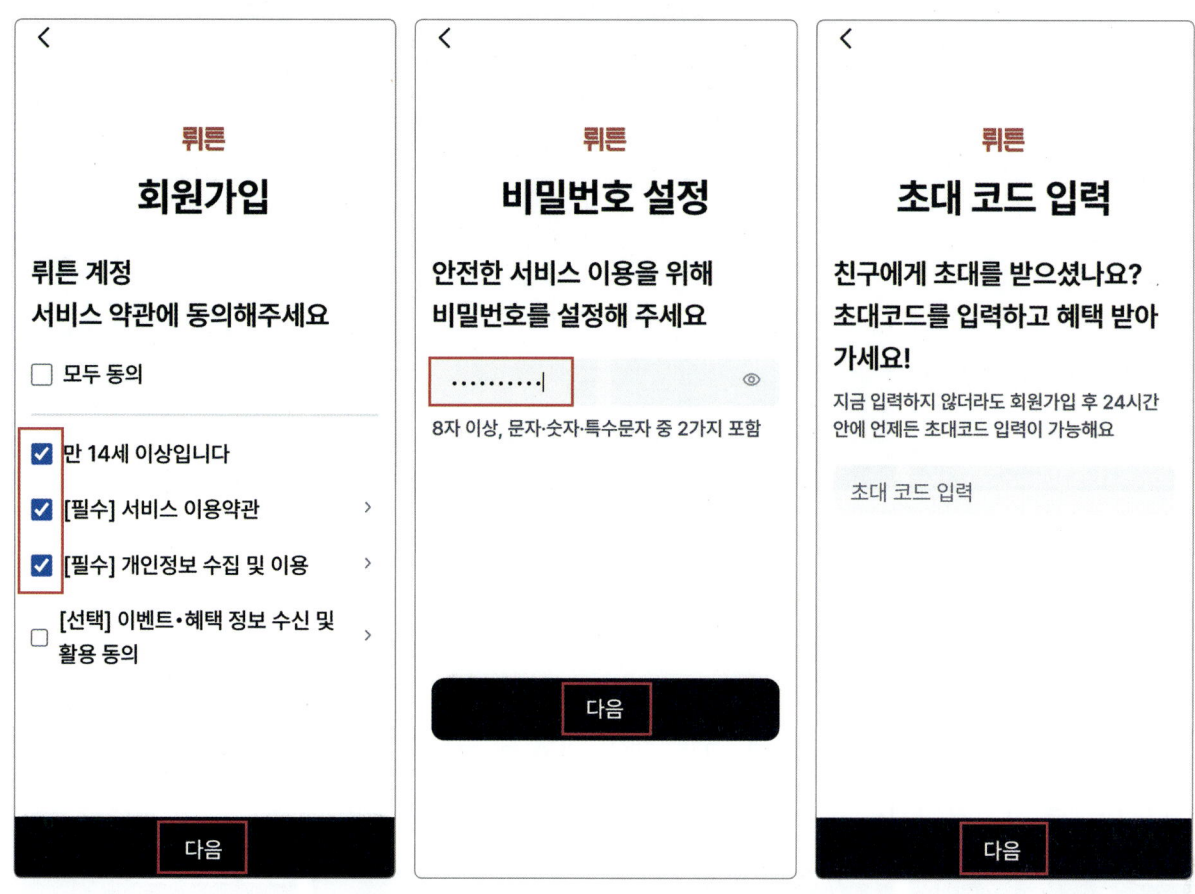

3. 서포터 설정

뤼튼에서 'AI 서포터'는 궁금한 점에 답변하고 필요한 정보를 빠르게 찾아주는 똑똑한 비서 역할을 합니다. [시작하기]를 터치한 다음 서포터의 프로필, 이름, 역할 중 마음에 드는 항목을 각각 선택한 후 [다음]을 누릅니다.

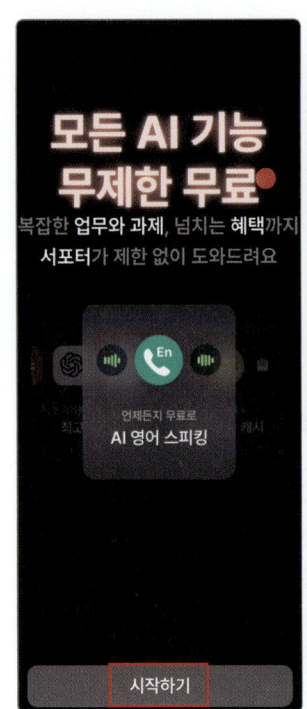  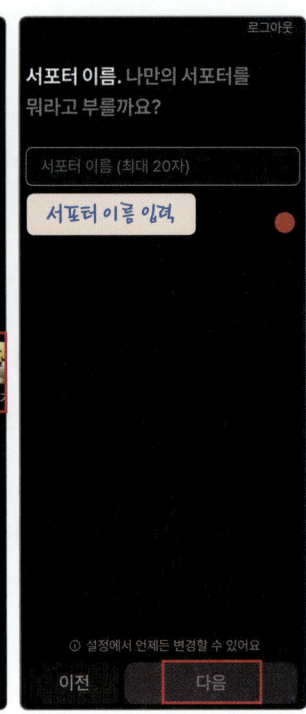 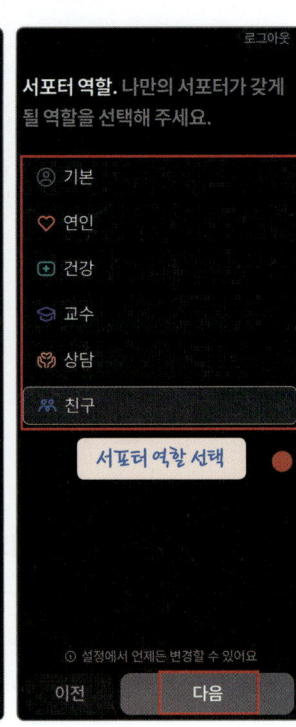

4. 사용자 정보 입력

이제 사용자 정보를 입력합니다. 뤼튼에서 사용할 닉네임, 직업, 성별, 생일을 입력한 뒤 [다음]을 터치합니다.

 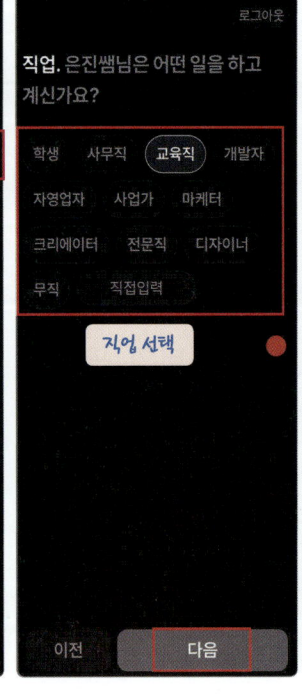 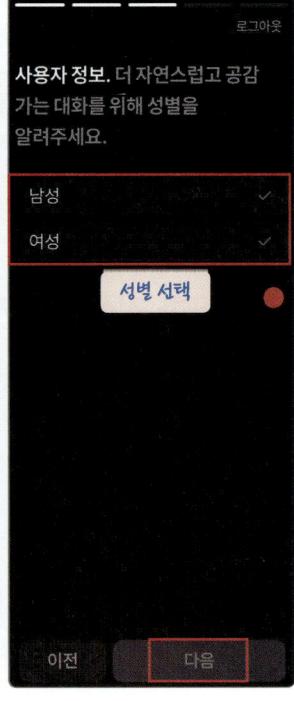 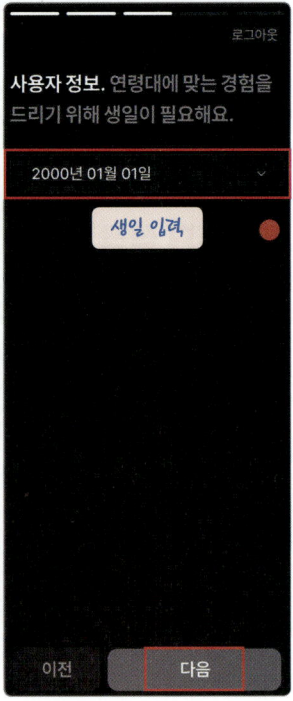

5. 전화 번호 인증

전화번호를 입력하고 전송된 인증번호를 입력한 뒤 [다음]을 터치합니다. 이어서 [목표 설정]과 [관심 주제]를 선택하고 [다음]을 누릅니다.

 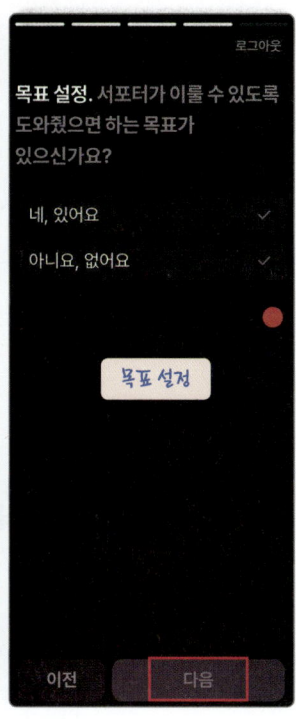 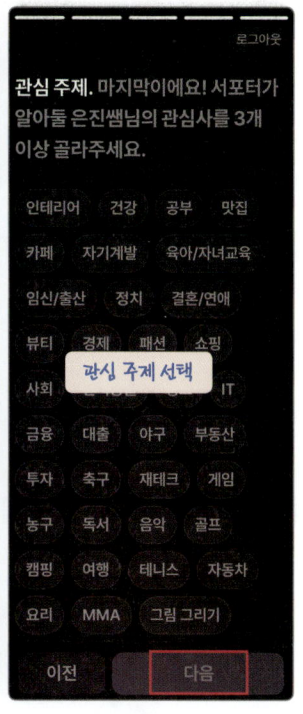

6. 접근 권한 설정

[서포터 활용에 필요한 접근 권한 안내] 화면이 나타나면 [확인]을 눌러 알림을 허용합니다. 이후 쿠폰 제공 화면에서 원하는 항목을 선택하고 [완료]를 터치하면 가입이 완료됩니다.

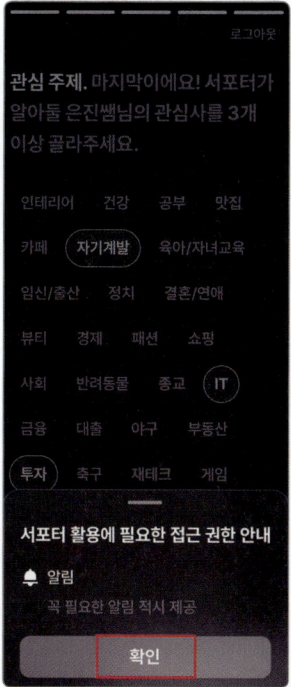  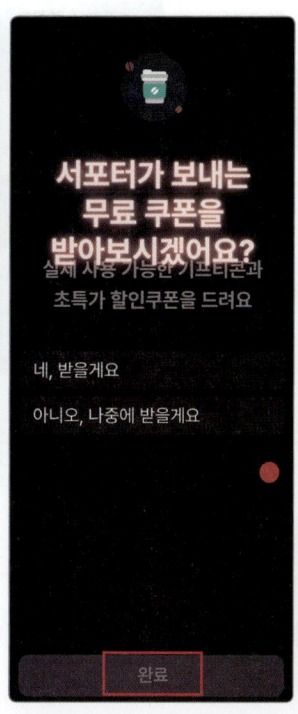 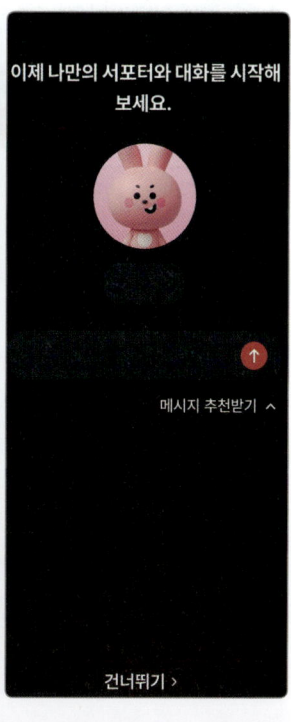

뤼튼의 AI 밈 만들기

'밈(Meme)'은 인터넷과 소셜 미디어에서 빠르게 퍼지는 재치 있고 유머러스한 이미지, 동영상, 문구 등을 말합니다. 뤼튼에서는 AI를 활용해 나만의 새로운 밈을 간단하게 만들 수 있습니다.

1. 액세스 권한 설정

1 뤼튼 첫 화면에서 [밈]을 터치합니다. [전체]를 선택한 뒤, 만들고 싶은 밈을 선택하고 [+] 버튼을 터치합니다.

 TIP

🖼는 이미지 밈, ▶는 동영상 밈이며, ∞는 생성 시 2개의 이미지가 필요한 밈입니다. 하루 생성 개수에 제한이 있으며, 매일 자정(00:00)에 자동으로 충전됩니다.

❷ 처음 밈을 생성할 때는 접근 권한 허용이 필요합니다. '개인정보 수집·이용 및 제3자 제공 동의'에 체크한 후 [사진 불러오기]를 터치합니다. 이후 사진 첨부를 위한 접근 권한 허용 화면이 나타나면 [확인]을 터치한 다음, '애플리케이션 정보' 화면에서 [권한]을 선택합니다.

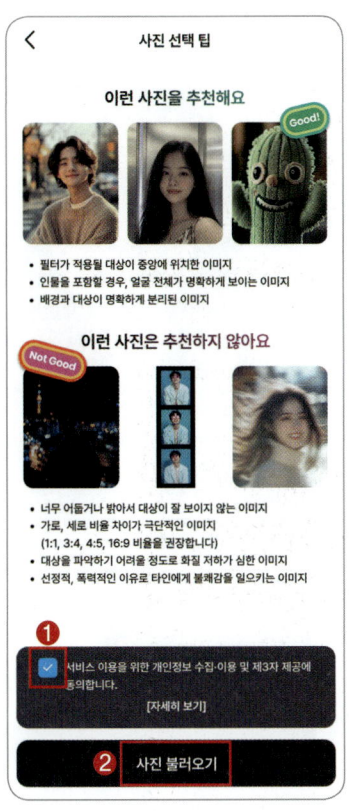

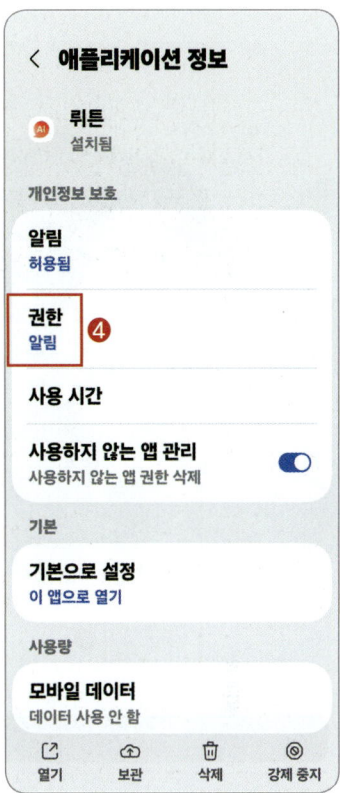

❸ [사진 및 동영상]을 터치한 후 [항상 모두 허용]을 선택합니다. 이후 화면 상단의 [<] 버튼을 두 번 눌러 이전 화면으로 돌아가 앱 권한 설정을 완료합니다.

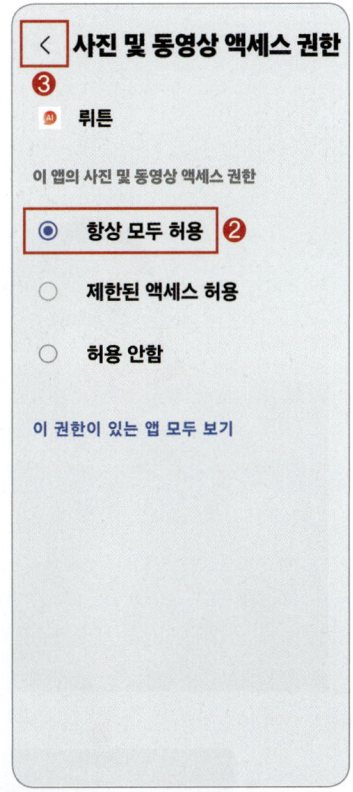

2. AI 밈 만들기

1 밈을 만들기 위해 [+] 버튼을 터치한 뒤, 사용할 이미지를 선택합니다. 선택한 이미지의 테두리를 드래그해 크기를 조절하고, [완료]를 터치합니다.

 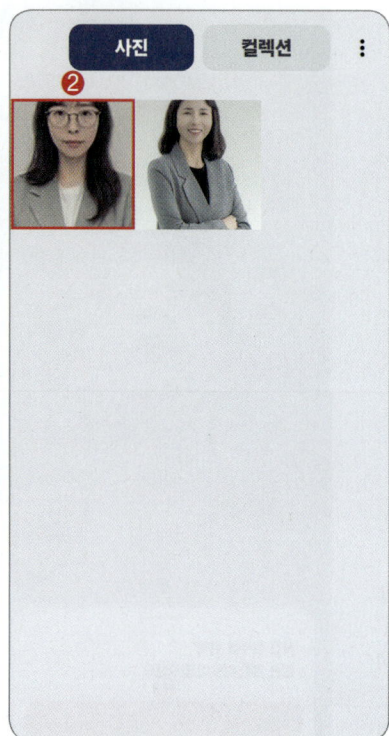 

2 [비디오 밈 만들기]를 터치하면 밈이 생성됩니다. 결과를 확인한 후 마음에 들면 [저장하기]를 눌러 스마트폰에 다운로드합니다.

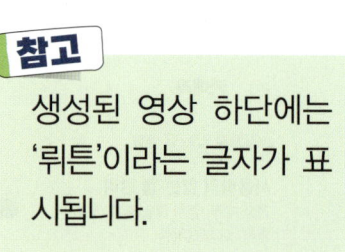

참고
생성된 영상 하단에는 '뤼튼'이라는 글자가 표시됩니다.

3. 생성한 밈 확인하기

1 생성한 밈은 뤼튼 첫 화면에서 [밈]을 터치한 다음 [내가 만든 밈]을 선택하여 확인할 수 있습니다.

4. 생성한 밈 삭제하기

1 마음에 들지 않는 밈은 '내가 만든 밈' 화면의 오른쪽 상단에 있는 🗑 버튼을 터치합니다. 이후 제거할 밈을 선택한 뒤 화면 하단의 [삭제] 버튼을 누르면 목록에서 사라집니다.

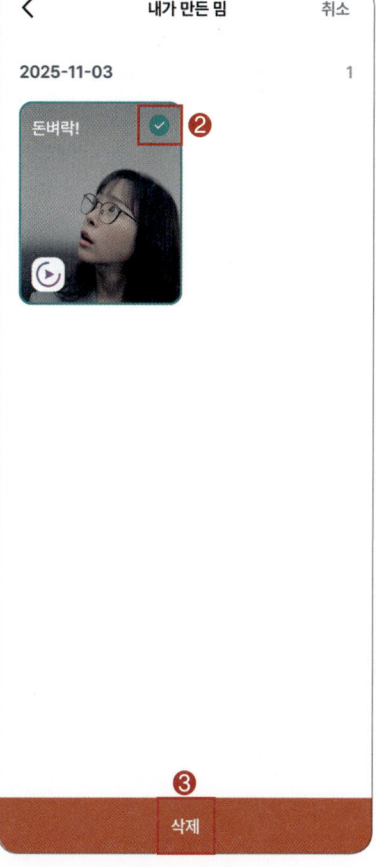

03 뤼튼 스피킹으로 영어 공부하기

'뤼튼 스피킹(Wrtn Speaking)'은 음성 인식 기술과 실제 전화 통화와 비슷한 대화 환경을 결합하여, AI와 자유롭게 대화하면서 외국어 실력을 키울 수 있는 기능입니다. 스마트폰만 있으면 원하는 시간과 장소에서 편리하게 사용할 수 있습니다.

1. 뤼튼 스피킹 설정

① 뤼튼 첫 화면에서 [뤼튼 스피킹]을 터치합니다. 처음 이용하는 경우 설정이 필요합니다. 스피킹 화면이 나타나면 [바로 시작하기]를 선택합니다. 배우고 싶은 언어를 선택한 뒤 [다음]을 터치합니다.

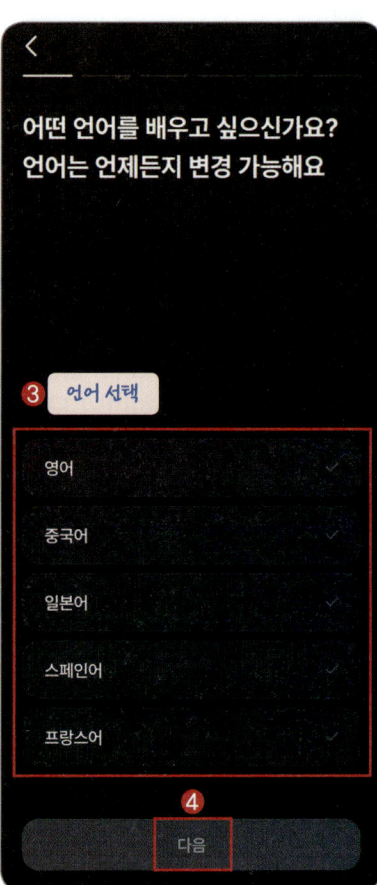

2 이어서 스피킹 실력, 학습 목적, 학습 시 어려운 점에 대해 해당하는 사항을 각각 선택한 뒤 [다음]을 누릅니다.

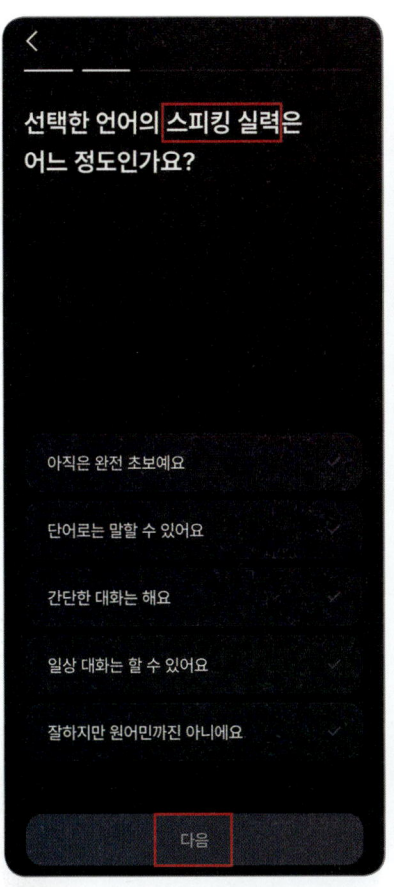 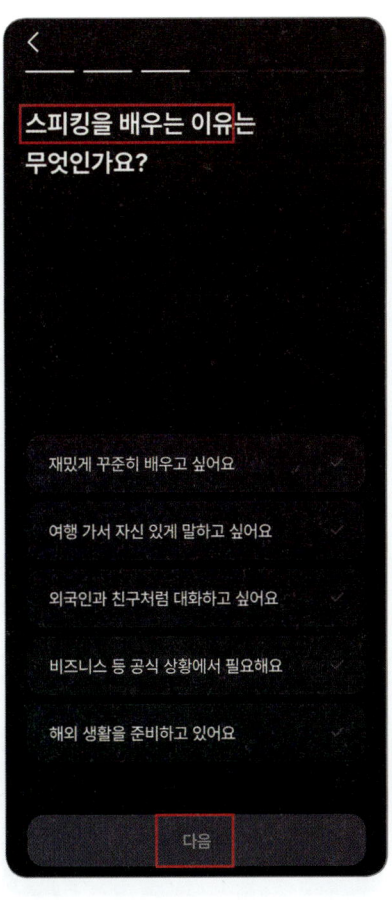 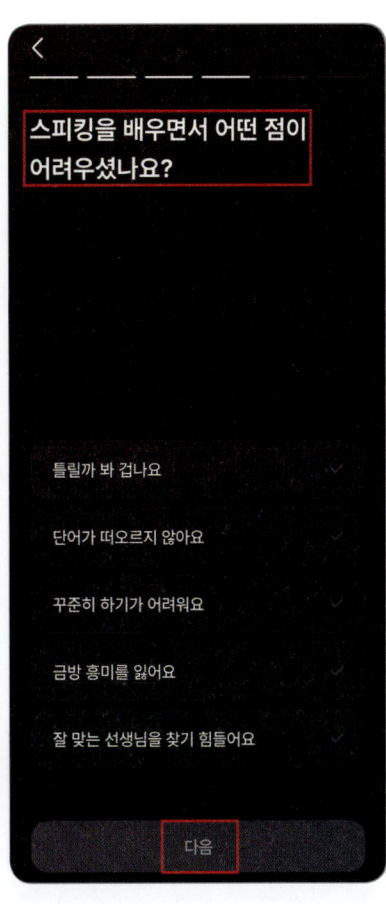

3 대화할 목소리를 선택하고 [다음]을 터치합니다. 이후 AI 서포터의 전화를 받을 시간을 선택하는 화면에서 [다음]을 누르고 원하는 일정을 설정한 뒤 [확인]을 터치합니다.

 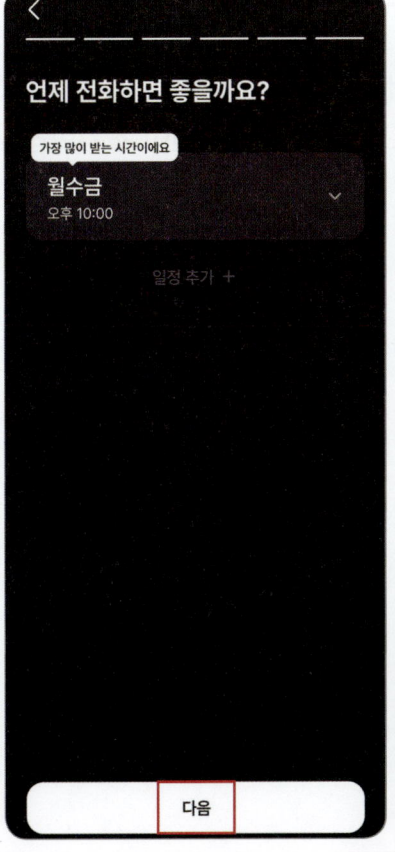 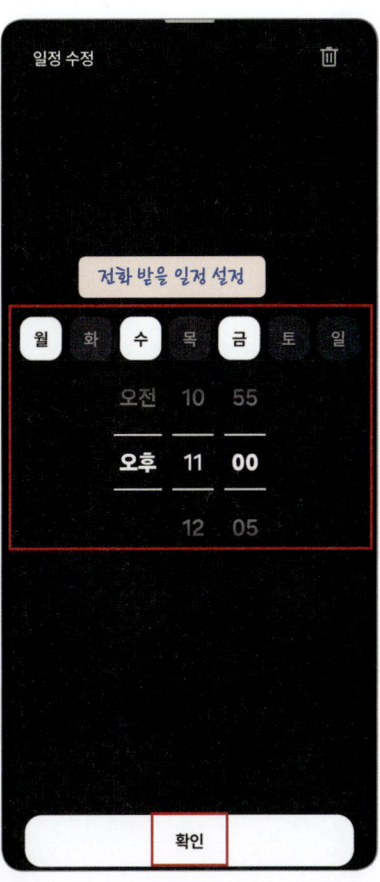

4 마지막으로 필요한 권한을 활성화하여 허용한 뒤 [완료]를 터치하면 설정이 완료됩니다.

  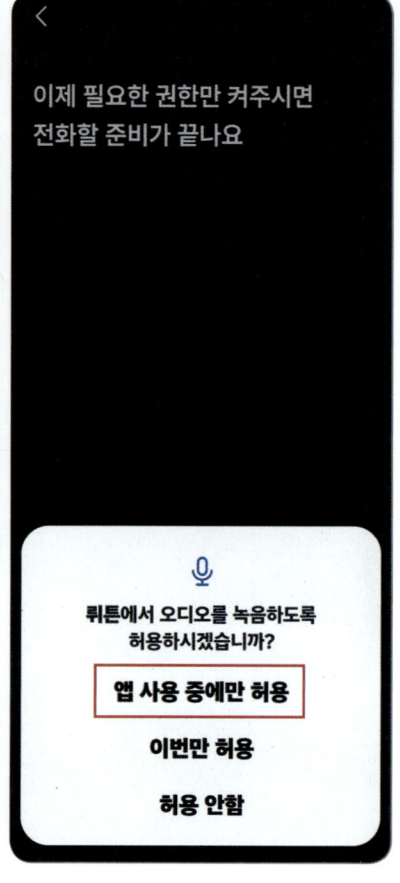

 TIP

뤼튼 스피킹은 무료이며 앱에서만 사용 가능합니다. 현재는 하루 10분 동안 AI 서포터와 대화할 수 있으며, 매일 자정(00:00)에 사용 시간이 초기화됩니다.

2. AI 서포터와 외국어로 대화하기

1 뤼튼 첫 화면에서 [뤼튼 스피킹]을 터치한 후 초록색 [통화] 버튼을 누릅니다. 그러면 AI 서포터가 대화할 주제를 물어봅니다. 화면에 제시된 추천 목록에서 선택하거나 마이크 버튼을 눌러 원하는 언어로 주제를 직접 말할 수도 있습니다.

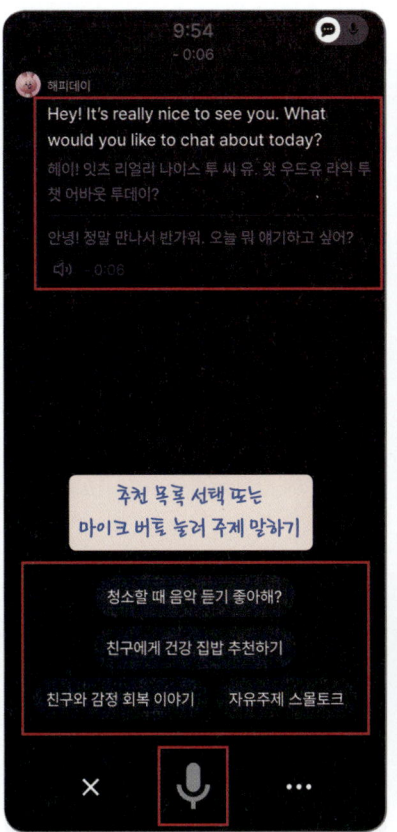
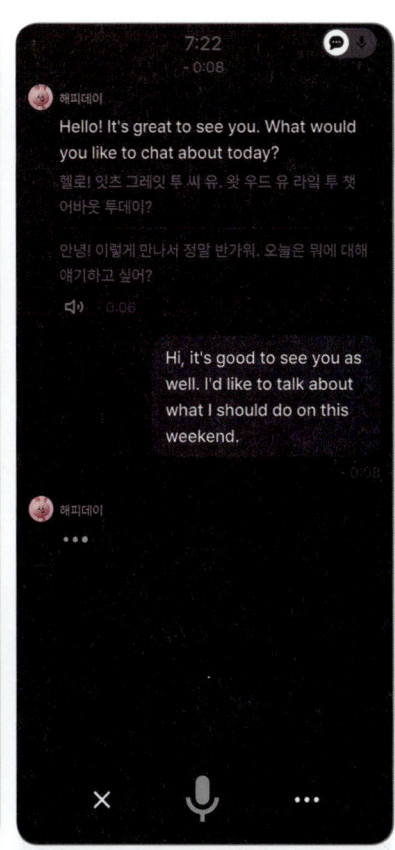

2 AI 서포터가 질문하면 [이렇게 말해보세요]에 표시된 문장을 따라 말하거나, 직접 생각한 문장을 말할 수 있습니다. 이때 말하려면 마이크 버튼을 누른 뒤 문장을 말하고 [제출] 버튼을 눌러야 합니다. 오른쪽 하단의 점 세 개 메뉴를 눌러 원하는 기능을 선택하거나 숨길 수 있습니다.

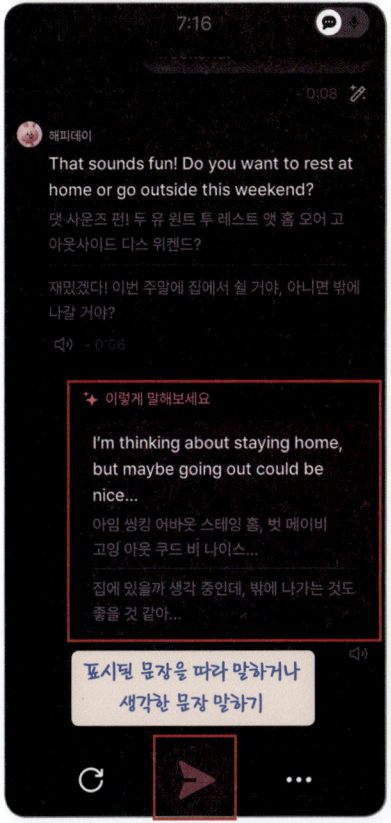
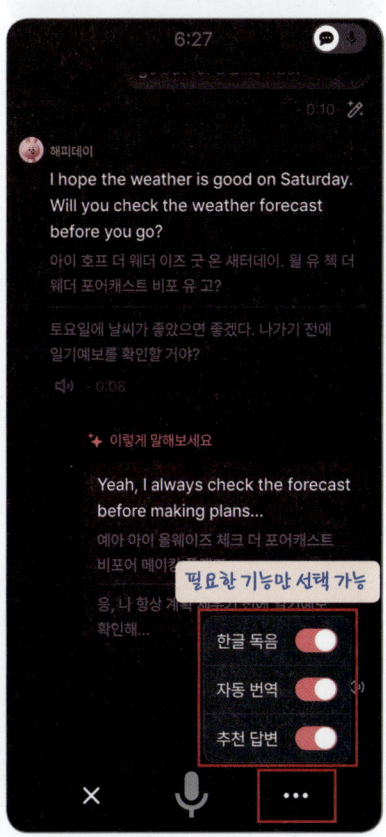

3. 대화 종료하기

1 대화를 끝내려면 왼쪽 하단의 X 모양 [종료] 버튼을 터치합니다. '지금 통화를 종료하시겠어요?'라는 메시지가 나타나면 [통화 종료]를 눌러 대화를 종료합니다. 이후 하루 동안 남은 대화 시간이 표시됩니다. 대화 내용을 다시 확인하려면 [통화 내용 보러가기]를 선택합니다.

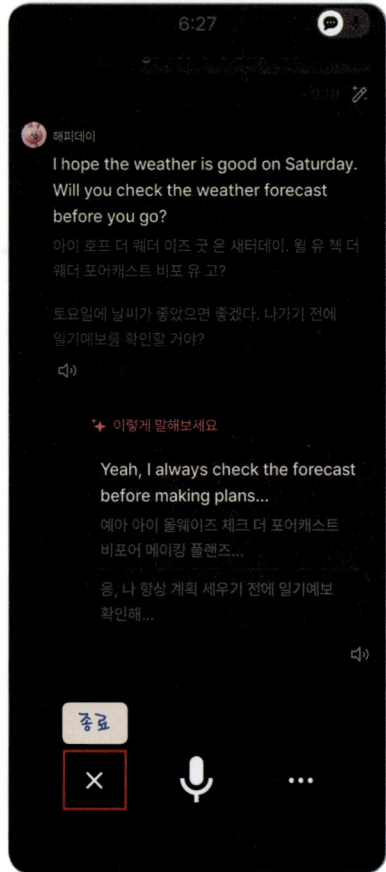 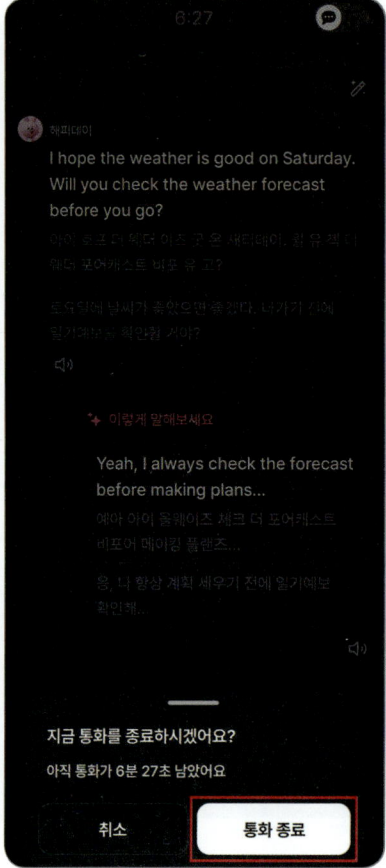 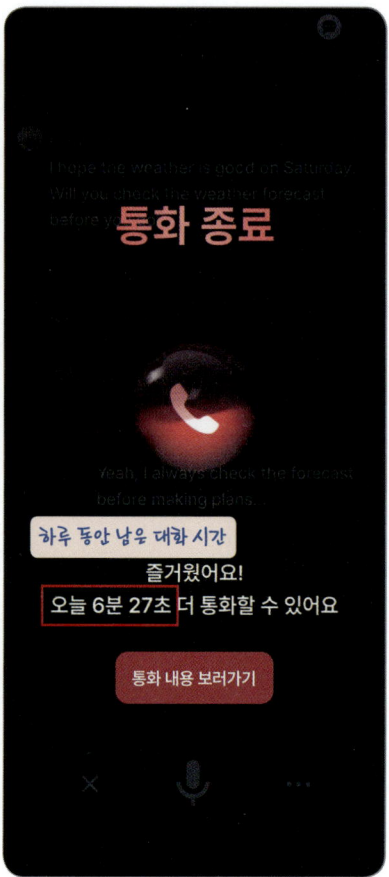

4. 피드백 확인하기

1 AI 서포터와 나눈 대화를 확인할 수 있으며, 내가 말한 문장 아래의 마술봉 아이콘을 터치하면 [AI 피드백]과 [발음 점수]를 통해 상세한 피드백을 받을 수 있습니다.

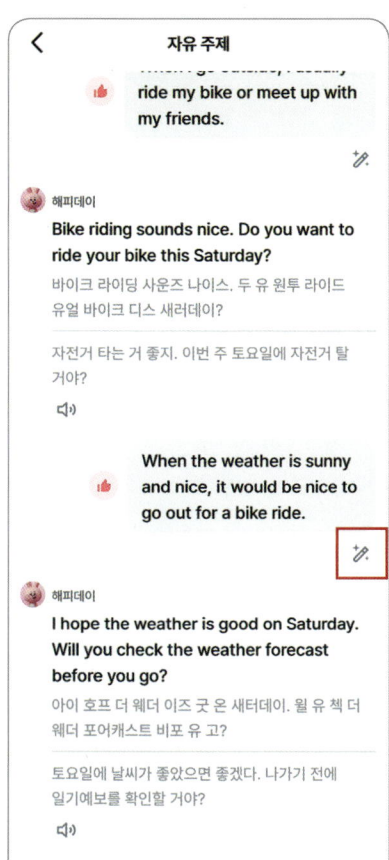

참고

뤼튼 스피킹은 원하는 시간에 통화 버튼을 눌러 바로 대화를 나눌 수도 있지만 내가 설정해둔 시간에 전화가 걸려오니 이를 통해서도 대화를 나눌 수 있습니다.

▲ AI 서포터에게 걸려온 전화 화면

04 생산성 도구로 글쓰기

'생산성 도구'는 다양한 유형의 글쓰기를 지원하는 기능으로, 작성 목적과 형식에 맞는 결과를 빠르고 효율적으로 만들어 줍니다. 뤼튼에서 활용할 수 있는 주요 생산성 도구를 살펴보겠습니다. 더 다양한 기능은 앱에서 직접 확인할 수 있습니다.

1. 블로그

게시물의 주제와 말투를 설정하면 이에 맞는 블로그 초안을 자동으로 작성해 주는 기능입니다.

① 뤼튼 첫 화면에서 [생산성 도구]를 터치한 뒤 [블로그]를 선택합니다. 게시물 종류를 선택하고 [선택하기]를 누릅니다.

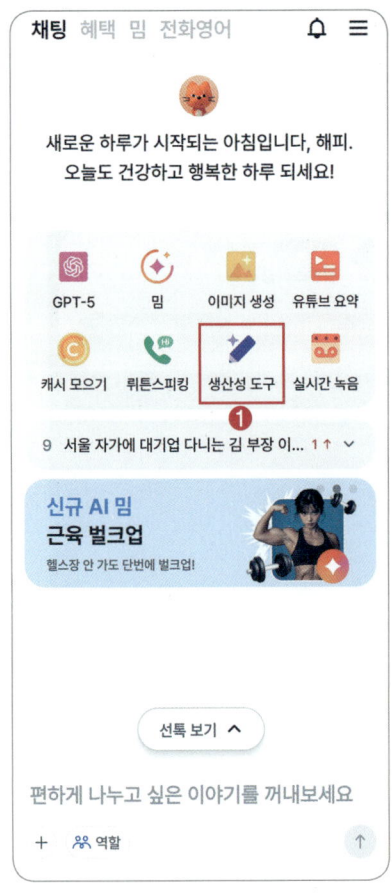 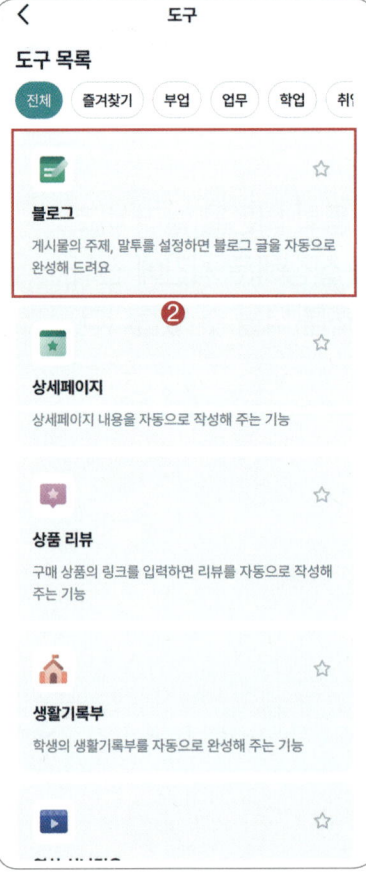 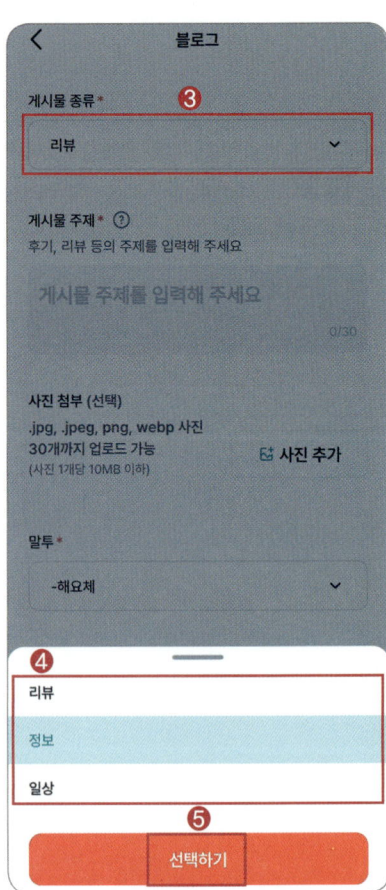

2 이후 [게시물 주제], [말투], [말투 예시 문장], [핵심 내용]을 입력하고 '인터넷 검색 결과 활용하기', '예시 이미지', '모바일 최적화' 옵션에서 필요한 항목을 선택한 뒤 [자동 완성]을 누릅니다. 입력한 내용에 맞춰 3개의 블로그 글이 생성되며, 원하는 글을 터치하여 내용을 확인합니다.

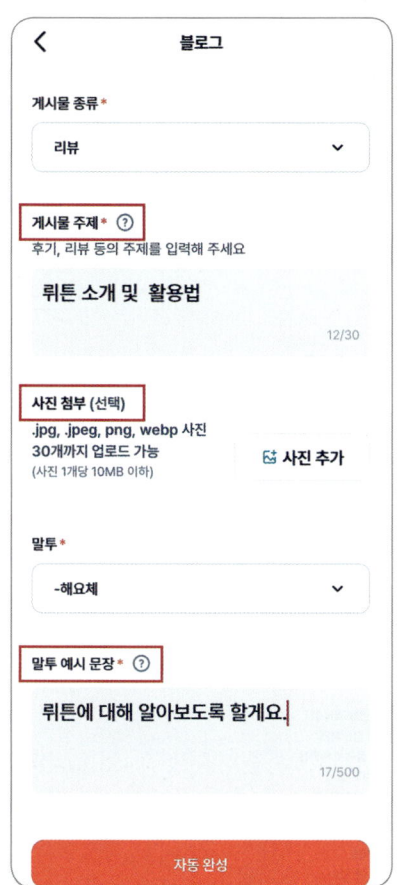
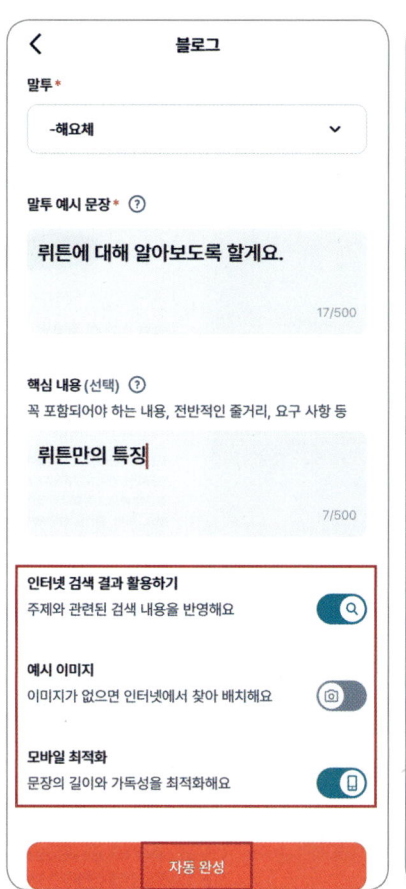
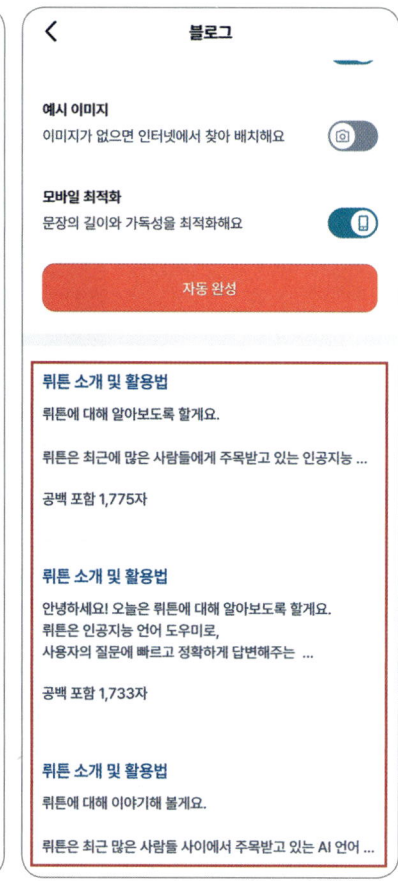

 **TIP**

각 입력 항목 옆에 있는 주황색 표시는 필수 입력을 의미합니다.
이 부분을 모두 입력해야 자동 완성 메뉴가 활성화되어 다음 단계로 진행할 수 있습니다.

smartphone

생산성 도구를 사용한 뒤 뒤로 가기 버튼을 누르면 작성된 내용이 저장되지 않고 모두 사라집니다. 추후 다시 확인하려면 반드시 책갈피 모양의 [저장하기] 버튼을 눌러 내용을 보관해 두어야 합니다.

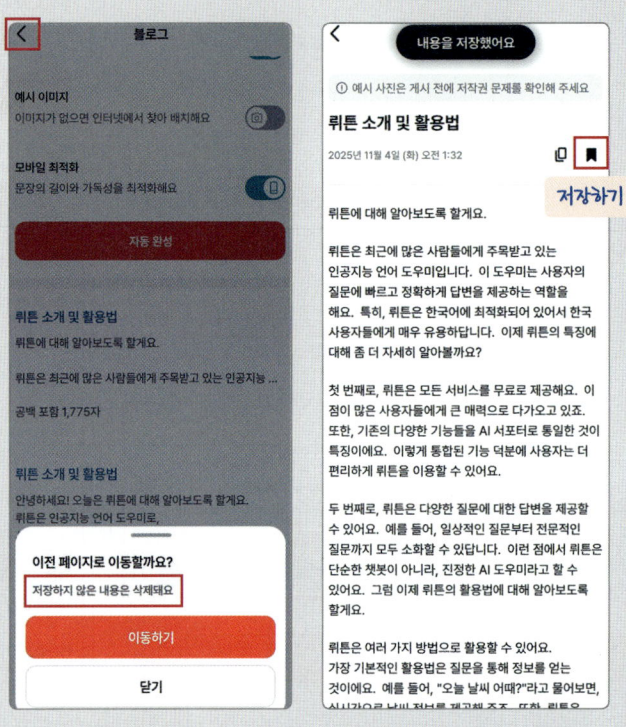

저장된 글은 뤼튼 첫 화면 오른쪽 상단의 ≡ 버튼을 누른 뒤, 책갈피 모양의 [저장됨] 메뉴에서 확인할 수 있습니다.

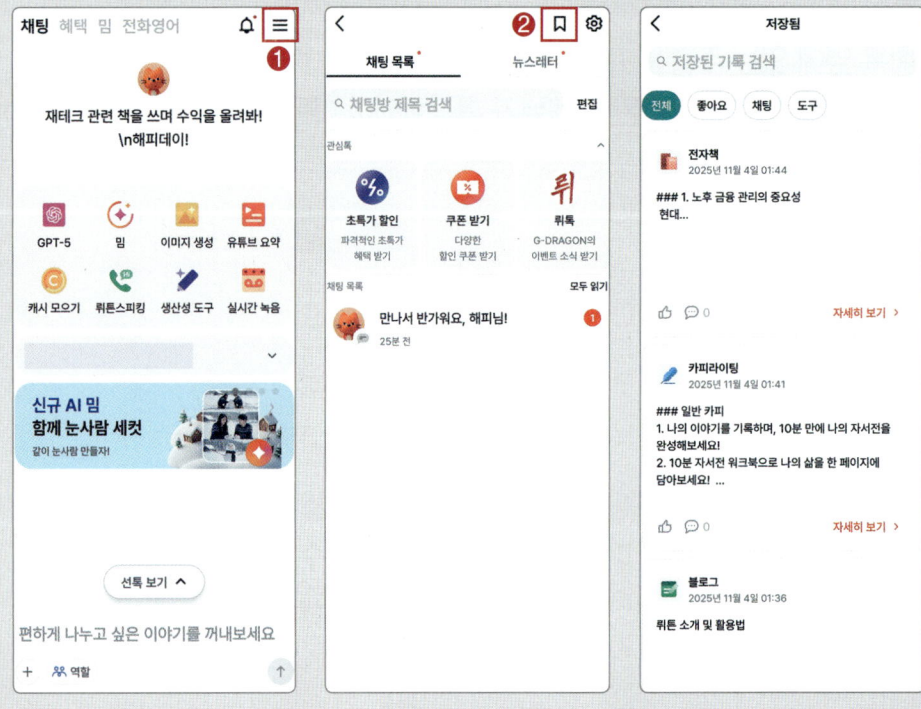

2. AI 탐지 방어

입력한 텍스트의 말투, 문장 구조, 어휘 등을 자동으로 교정하여 사람이 쓴 것처럼 자연스럽게 바꿔주는 기능입니다.

수정할 문장을 복사해 붙여 넣은 뒤, 상단 왼쪽의 [기본]을 터치해 작성에 사용한 AI 툴을 선택한 다음 [사용한 AI 선택하기]를 누릅니다.

그다음 오른쪽의 [기본]을 터치해 문장을 어떤 방식으로 변경할지 지정하고 [변경할 글 유형 선택하기]를 누른 후, [변경하기]를 터치하면 자연스럽게 다듬어진 문장을 확인할 수 있습니다.

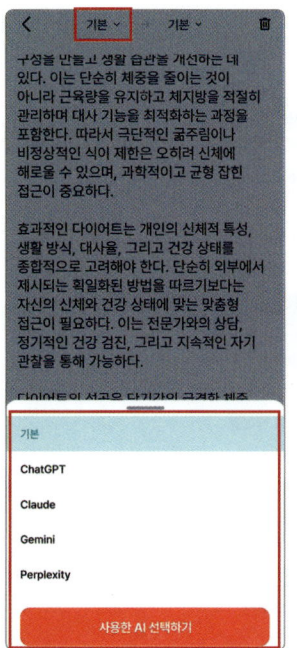 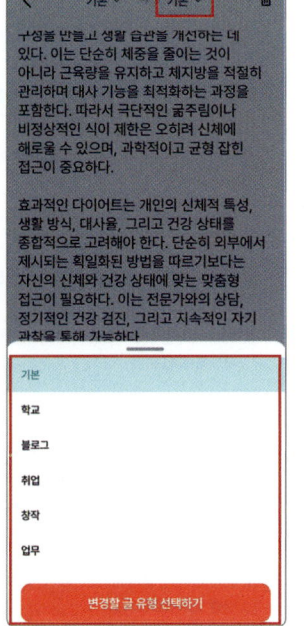 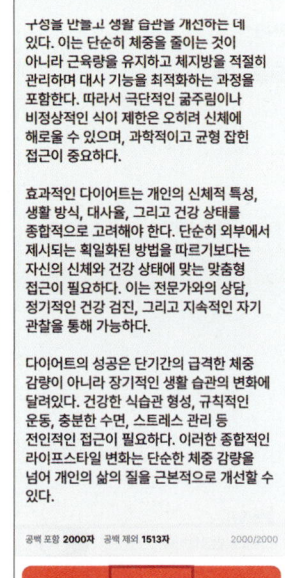 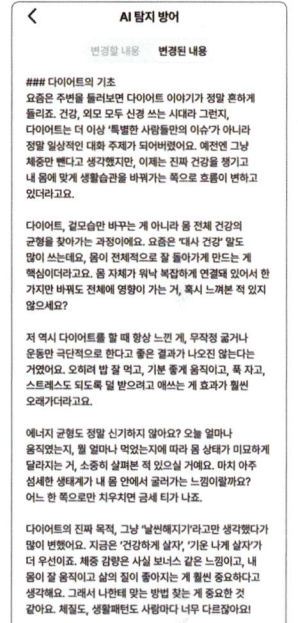

 **TIP**

'AI 탐지 방어' 기능은 한 번에 최대 2,000자까지 입력할 수 있습니다.

3. 카피라이팅

제품이나 서비스를 효과적으로 소개할 수 있는 홍보 문구를 자동으로 작성해 주는 기능입니다.

[제품 한 줄 소개], [강조하고 싶은 메시지], [최대 글자 수]를 입력한 뒤 [자동 완성]을 누르면 일반 카피와 트렌드가 반영된 카피가 각각 20개씩 생성됩니다.

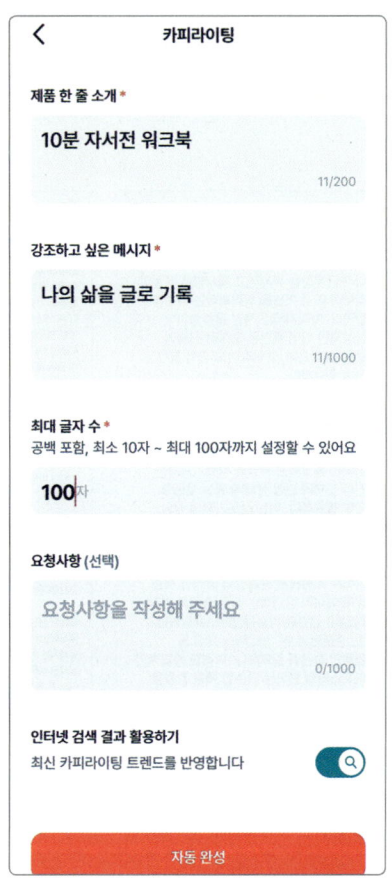 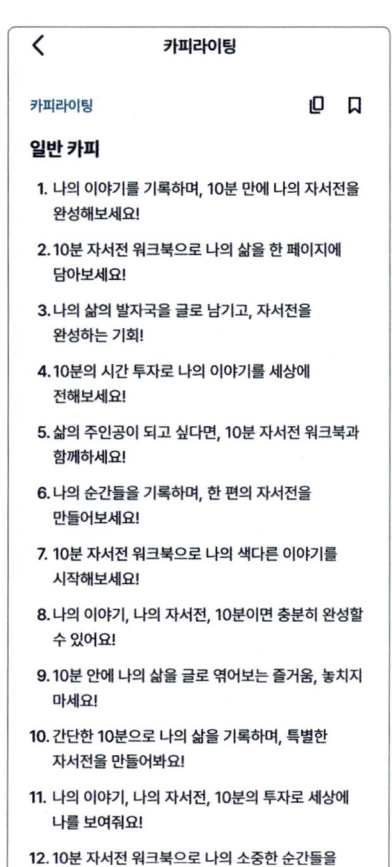

4. 전자책

[전자책 주제]와 [장르]를 입력하면, 이에 맞는 전자책 내용을 자동으로 생성해 주는 기능입니다.

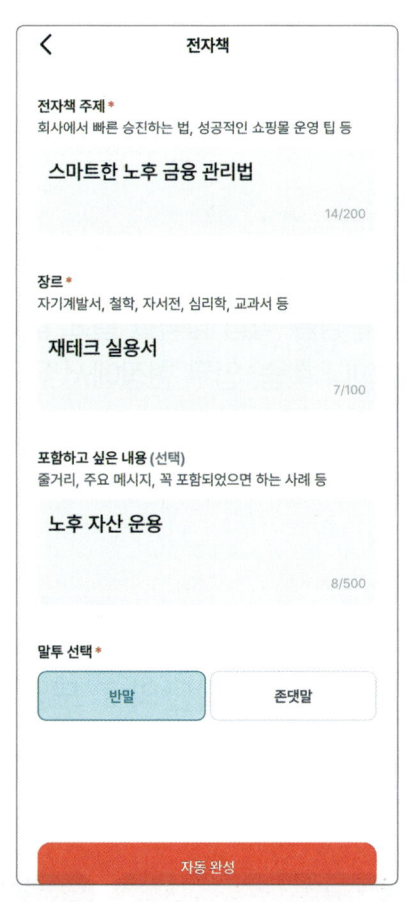

 **TIP**

뤼튼 상단의 [혜택] 탭을 통해 다양한 방법으로 캐시를 적립할 수 있으며, 적립한 캐시는 캐시 스토어에서 사용할 수 있습니다.

카메라 번역 기능 활용하기

스마트폰의 카메라를 활용하면 복잡한 입력 과정 없이도 인쇄물, 책, 간판, 메뉴판 등에 적힌 글자를 즉시 번역할 수 있습니다. 특히 외국어로 된 문장을 직접 입력할 필요 없이 카메라로 촬영만 해도 실시간 번역 결과를 확인할 수 있어 여행이나 학습, 업무 현장에서 유용하게 사용할 수 있습니다. 이번에는 카메라 번역 기능을 활용하는 방법을 간단히 알아보겠습니다.

1 [카메라] 앱을 실행한 뒤 번역이 필요한 글자나 문장이 화면에 보이도록 카메라를 가져다 댑니다. 그런 다음 오른쪽 하단의 T 모양 [텍스트 스캔] ( ) 버튼을 터치합니다. 화면에서 텍스트 부분이 자동으로 선택되면, 하단의 [번역]을 터치하여 한글 번역 결과를 확인합니다.